韓国語会話超入門！
ハングル ペラ ペラ ドリル

改訂版

Gakken

まえがき　―本書の使い方―

　この本は韓国語の「会話」を中心に勉強する本です。韓国語の勉強を始めた人であれば、誰しもが「韓国語を**ペラペラと滑らかにしゃべりたい**」と願うのではないでしょうか。でも、読む、書くはそれなりに勉強できても、聞いたり、話したりするのは相手も必要なので、勉強しようと思っても意外に難しいのが現状です。そこでこの本では、ひとりでも効率的に会話の勉強ができるよう、さまざまな工夫をしてみました。

　まず、音声を使った練習問題をたくさん用意しました。**音声を聞きながら、問いに答えてみてください**。聞いて、答えるというのは会話の基本です。

　また、ひとつの問題を繰り返し練習できるようにもしました。最初に「**ノーマル**」の問題を解いたら、次は同じ問題ですが、質問と回答の間隔を短くした「**スピードアップ**」にもチャレンジしてみてください。頭で考えずにテンポよく答える練習になるので、実際の会話でも慌てることがないような、会話への慣れが生まれてくるはずです。

　そして、さらなるステップアップとして「**ランダム**」を用意しました。これもまた「**ノーマル**」「**スピードアップ**」と同じ問題ですが、順序を入れ替えてあります。問題に慣れたなと思った頃に、また新しい気分で取り組めることと思います。

　一部の問題では、「あなた」について直接問いかける練習問題を設けました。実際の会話では、自分のことについて語ったり、相手から質問されたりすることが多いと思います。より実践的な会話を習得するために、自分なりの解答で答える練習をしてみてください。

　これらの会話を学習するために、**必要な文法**もしっかりとおさえてあります。本書はごくごく初級段階からのスタートを想定していますので、「〜ですか？」「はい、〜です。」「いいえ、〜ではありません。」といった文型の習得をまず目指します。フレーズを丸ごと覚えてもよいのですが、文法的な知識を身につけたほうが、応用の幅を広げやすくなります。

　本書をスタートする**レベルの目安**ですが、ひと通りのハングル（文字）が読める段階にあるとスムーズに読み進められると思います。巻末のおまけとしてハングルの読み方や、韓国語の特徴をまとめておきましたので、初めて学習する人はまずおまけから始めてみてください。そこが実質的な第0章です。文字からの学習に向いた既刊本の紹介もあります。

　と、いろいろと書きましたが、**いちばん大事**なことは**楽しんで勉強する**ことです。この本では、細かな部分でも面白さを求めたい筆者が、練習問題に工夫を凝らすとともに、肩の力を抜いて楽しめる要素もたくさん詰め込みました。ときにはくだらなさに脱力することもあるかと思います。勉強しよう！と意気込むのではなく、ぜひ一緒に楽しみましょう。

　なお、この本は2006年に発売された旧版から、時代の変化を踏まえて修正を加えた改訂版です。既存の部分に磨きかけるとともに、新章を追加するなど大幅に加筆をしました。ペラペラへの道のりが、より楽しく、よりわかりやすいものになった「はず」です。ええ、きっと。

八田　靖史

もくじ

第4章　イレギュラーをモノにしよう！
～不規則に変化する単語～

第5章　会話でどんどん質問しちゃおう！
～疑問詞を覚える～

おまけ　韓国語の基礎超速レビュー

 音声について　本書での学習に使用する音声は下記の2通りの方法で聞くことができます。

❶ スマートフォンなどで聞く

右の QR コードをスマホなどで読み取るか、
下記の URL にアクセスしてアプリをダウンロードしてください。
ダウンロード後、アプリを立ち上げて『ハングルペラペラドリル』を選択すると、
端末に音声がダウンロードされます。

https://gakken-ep.jp/extra/myotomo/

※ iPhone からのご利用には Apple ID、Android からのご利用には Google アカウントが必要です。
　アプリケーションは無料ですが、通信料は別途発生します。

❷ パソコンで聞く

上記の URL にアクセスし、
ページ下方の【語学・検定】から『ハングルペラペラドリル』を選択後、
MP3 形式の音声ファイルをダウンロードしてください。

※ ダウンロードできるのは、圧縮された MP3 形式の音声ファイルです。
　再生するには、ファイルを解凍するソフトと、iTunes や Windows Media Player などの再生ソフトが必要です。
※ お客様のスマートフォンやパソコン等の環境により音声をダウンロード・再生できない場合、当社は責任を負いかねます。
　ご理解、ご了承をいただきますよう、お願いいたします。

第　　　　　章

1

記念すべきペラペラへの第1歩
～ 韓国語会話スタート ～

1 基本的な返事

さて、本格的な勉強を始める前に、まずみなさんの「韓国語会話を勉強するぞ！」という気概を見せていただきたいと思います。以下の文章はわたくしからの問いかけです。質問文は現段階で特に重要ではありません。ポイントはその次の2単語。こちらは頭が割れるほど、しっかりたたき込んでいただきたいと思います。会話における基礎中の基礎。「はい」と「いいえ」。

下線部分に、大きな字で「はい」か「いいえ」のどちらかを書き込んでください。どちらを書き込むかは、みなさんのやる気次第です。

ハングゴ　　　フェファルル　　　　コンブハシムニッカ

한국어 회화를 공부하십니까?

（韓国語会話を勉強なさいますか？）

ネ

네
（はい）

アニヨ

아니요
（いいえ）

↓

　答え合わせというわけではありませんが、念のためどちらを書いたのか確認してみたいと思います。まさかとは思いますが、「아니요」を書いた人はいませんよね。いないことと信じたいです。こちらの1文字を書いていただけましたか？

ネ
네
（はい）

　万が一、もうひとつの「아니요」を書いた方がいらしたら、大変に悲しいことですが、その方はこれ以上この本を読み進めていただく必要はございません。ここでお別れすることといたしましょう。うっうっうっ。

　なんて、バカな話はこのくらいにして、きちんとした勉強に進みたいと思います。まずは会話の基礎中の基礎である「네」と「아니요」の2つをしっかりと書いて覚えてください。

📝 書いてみましょう

ネ
네
（はい）

アニヨ
아니요
（いいえ）

네

아니요

　質問に答える場合だけでなく、呼ばれたときの返事も「네」を使います。
　授業の始めに出席を取るときなども、先生に呼ばれたら「네！」と答えます。

はい。勉強したことはすぐに練習してみるのがいちばんです。まだ、「네」と「아니요」の2つしか勉強していませんが、何しろ基礎中の基礎なので、ここからじっくりと固めていきたいと思います。まずはこんな練習問題を用意してみました。

練習問題 ① 以下の質問に「네」か「아니요」で答え、右の解答欄に書き込んでください。
解答は P.031

1 （あなたは）学生ですか？

2 （あなたは）会社員ですか？

3 （あなたは）歌手ですか？

4 （あなたは）俳優ですか？

5 （あなたは）努力家ですか？

6 （あなたは）八方美人ですか？

7 （あなたは）センスがいいですか？

8 （あなたは）頭がいいですか？

9 （あなたは）性格がよく他人にも親切ですか？

10 （あなたは）ウソつきですか？

簡単な質問であればあるほど、人間は思い悩むと言います。
こんなところでつまずいていては時間のムダなのでサクサク書いちゃってください。

　練習問題ではありましたが、特に答え合わせはしなくてもよいです。みなさんそれぞれの解答があるでしょうし、それぞれの自己分析、自己判断などもあるかと思います。他人の評価など気にせずに、わが道を行く姿勢を大事にしてください。

　ただ、筆者としての個人的な感想を言うならば、❺〜❾までに「네」が多く、❿は「아니요」だった方には、偉大なる正直者として拍手をパチパチ贈りたいと思います。いいんですよ。控えめな態度ではなく、自信を持って堂々と自分を評価するのも大事なことです。なんなら、❺〜❾はすべてが「네」、❿は「아니요」でいいんです。

　え、❻の「八方美人」も「네」でいいのかって？

　いいところに気が付きましたね。日本語の「八方美人」と韓国語の「팔방미인（八方美人）」はまったく同じ漢字の四字熟語ですが、意味がまるで違うんです。日本語だと「どの方面にもいい顔をする人」を指しますが、韓国語では「何事にも優れている人」という意味になります。悪いイメージはまったくなく、完全なるほめ言葉です。

　なので、自信満々に「네」と答えても、まったくおかしくありません。

　そして次のステップでは質問も韓国語にしてみたいと思います。やっぱり韓国語の勉強ですからね。質問が日本語で、答えだけが韓国語というのはいかにも不自然です。細かな文法事項についてはまたあとで説明しますので、とりあえずはなんとなくで答えてみてください。韓国語の文章を一生懸命暗記する必要はありません。雰囲気をつかんで答えられればそれで大丈夫。この章で大事なのは「네」と「아니요」の2つだけです。

　まずは次ページの練習問題②の質問文に対して、前ページで書いた答えと同じものを書き入れてください。前ページでは「네」って書いたけど、やっぱり「아니요」にしとこうかな、なんて迷いがあるかもしれませんけどね。そのあたりは深く問い詰めないので、自分なりの判断で埋めてください。

　全部埋められたら、いよいよ音声を使った練習問題です。本格的な会話の勉強を始めるとしましょう。

ちなみに「미인（美人）」だけだと、日本語と同じで「美しい人」を指します。

練習問題② 音声を聞きながら、次の質問に「네」か「아니요」で答えてください。質問は韓国語部分だけを読み上げます。自分が書き入れた答えをタイミングよく発音してください。

解答は P.031

TRACK
1

ノーマル

1 (あなたは)学生ですか？
ハクセンイエヨ
학생이에요?

2 (あなたは)会社員ですか？
フェサウォニエヨ
회사원이에요?

3 (あなたは)歌手ですか？
カスエヨ
가수예요?

4 (あなたは)俳優ですか？
ペウエヨ
배우예요?

5 (あなたは)努力家ですか？
ノリョクカエヨ
노력가예요?

6 (あなたは)八方美人ですか？
パルバンミイニエヨ
팔방미인이에요?

7 (あなたは)センスがいいですか？
センスガ　　チョアヨ
센스가 좋아요?

8 (あなたは)頭がいいですか？
モリガ　　チョアヨ
머리가 좋아요?

9 (あなたは)性格がよくて他人にも親切ですか？
ソンキョギ チョッコ　ナメゲド　　チンジョレヨ
성격이 좋고 남에게도 친절해요?

10 (あなたは)ウソつきですか？
コジンマルジェンイエヨ
거짓말쟁이에요?

練習問題 ❷ と同じですが、質問と回答の間隔が短くなっています。慣れてきたらこちらでテンポよく答える練習もしてみてください。

 TRACK 2))) ▶▶ スピードアップ

練習問題 ❸ 音声を聞きながら、次の質問に「네」か「아니요」で答えてください。今度は❶から❿までの質問をバラバラに組み替えてみました。次の順に質問が読み上げられますので、質問に合う答えをタイミングよく発音してください。

解答は P.031

 TRACK 3))) ランダム

1 배우예요? (俳優ですか？)

2 노력가예요? (努力家ですか？)

3 센스가 좋아요? (センスがいいですか？)

4 학생이에요? (学生ですか？)

5 머리가 좋아요? (頭がいいですか？)

6 거짓말쟁이예요? (ウソつきですか？)

7 가수예요? (歌手ですか？)

8 성격이 좋고 남에게도 친절해요? (性格がよくて他人にも親切ですか？)

9 회사원이에요? (会社員ですか？)

10 팔방미인이에요? (八方美人ですか？)

慣れてきたら本を見ないで答えるというのもアリです。
繰り返し聞いているうちに、少しずつ耳も慣れてきますよね。

「〜ですか？」と「〜です」

それでは次のステップに移りたいと思います。「네」と「아니요」はもうカンペキに覚えられましたよね。この勢いに乗ってズンズン会話を覚えていくとしましょう。

まずはこの文章を見てください。

カスエヨ

가수예요?

（歌手ですか？）

はい。練習問題②で使った例文です。反射的に「네」とか「아니요」とか心の中で答えてしまった方がいらしたら、筆者としては嬉しい限りです。頭で考えず、口が先に反応してしまうくらいになるとペラペラへの道はぐっと近付いてきます。

ただ、大事なのはそこではなく最後の赤字になっているところ。ここが疑問文の「ですか？」に相当します。

そして、12ページの練習問題②をもう一度見ていただくと、全部が全部「예요？」で終わっているわけではないことに気付くかと思います。日本語はみんな同じ「〜ですか？」なのに、最後が「이에요？」で終わっている文章もありますし、❼〜❾の文章は「좋아요？」「친절해요？」で終わっています。❼〜❾の文章は第3章以降で勉強するのでいったん保留とし、ここでは「예요？」の形と、「이에요？」の形で終わる文章について勉強したいと思います。

と言っても、使い分けは簡単なんですよ。注目すべきはココ！

가수예요?

韓国語で「歌手」を意味する単語が「가수」です。2文字目の「수」だけが赤くなっていることに注目してください。

そしてもうひとつの事例。「이에요？」で終わる文章も注目点をアピールしておきます。「학생」は「学生」を意味する単語です。

ハクセンイエヨ

학생이에요?

（学生ですか？）

さあ、どこに区別するポイントがあるかわかりますか？

　ここでピンときた方は、かなり勘の鋭い方だと思います。ほとんどワンヒントみたいなものですもんね。実はこんなところに区別のポイントがあったんです。

가수 ➡	最後の文字が母音で終わる ➡	예요?
학생 ➡	最後の文字が子音で終わる ➡	이에요?

　単語の書き終わりが母音なのか、子音なのか。表現を変えると、最後の文字にパッチムがついているかいないかですね。「歌手」を意味する「가수」にはパッチムがつかず、母音の「ㅜ」で終わっており、「学生」を意味する「학생」にはパッチム「ㅇ」がついています。

　最後の文字が母音で終わるなら「예요?」がつき、最後の文字が子音で終わるなら「이에요?」がつくということで理解をしてください。

　他の単語を見てみると……

회사원　➡　最後の文字が子音で終わる　➡　이에요?

배우　➡　最後の文字が母音で終わる　➡　예요?

노력가　➡　最後の文字が母音で終わる　➡　예요?

팔방미인　➡　最後の文字が子音で終わる　➡　이에요?

　しっかりと法則通りになっております。ちょっと注意が必要なのはコレ。

거짓말쟁이예요?

　あれ、「이에요?」じゃなくて「이예요?」になっているよ？と思った方は鋭いですね。これ実は「거짓말쟁이（ウソつき）」という名詞なのです。最後の文字は母音で終わる「이」なので、そのあとに「예요?」がついているということです。

> ウソつきはただのオチではなく、文法的に意味のある単語だったんですね。
> すごい！（自画自賛）。

練習問題 ④
解答は P.031
それでは練習問題です。果物の名前を「〜ですか?」の形にしてみてください。注意すべきは最後の文字が母音で終わっているか、子音で終わっているかです。

1 サグァ
사과 (リンゴ)

リンゴですか?
✎ 사과예요?

2 パナナ
바나나 (バナナ)

バナナですか?
_____

3 キュル
귤 (ミカン)

ミカンですか?
_____

4 ポド
포도 (ブドウ)

ブドウですか?
_____

5 ッタルギ
딸기 (イチゴ)

イチゴですか?
_____

6 レモン
레몬 (レモン)

レモンですか?
_____

7 マンゴ
망고 (マンゴー)

マンゴーですか?
_____

8 キウィ
키위 (キウイ)

キウイですか?
_____

9 スバク
수박 (スイカ)

スイカですか?
_____

10 トマト
토마토 (トマト)

トマトですか?
_____

韓国ではトマトが果物の仲間に入ります。
ケーキやパフェのトッピングに加えられていることも珍しくありません。

練習問題 **5**
解答は P.031

前ページで覚えた 10 種類の果物が並んでいます。音声を聞きながら、質問に対して「네」か「아니요」で答えてください。なお、質問はすべて以下の形になっています。

※解答は音声でも聞くことができます。（TRACK5）

TRACK **4** ノーマル

이게 ○○예요／이에요?

最初の「이게」は日本語の「これは」に相当します。「これは○○ですか?」と果物の名前を尋ねられているのだと考えてください。

練習問題 **5** と同じですが、質問と回答の間隔が短くなっています。慣れてきたらこちらでテンポよく答える練習もしてみてください。

TRACK **6** スピードアップ

練習問題 **6**
解答は P.031

今度は質問の順番を変えてみました。練習問題⑤に慣れてしまったら、こちらも試してみてください。

※解答は音声でも聞くことができます。（TRACK8）

TRACK **7** ランダム

パッチムと「이에요」の「이」は連音化することにもご注意を。
代表的な発音変化については巻末のおまけ 126 〜 127 ページを参照してください。

かしこまった表現

　この本は韓国語の会話を中心に学ぶ本ですが、かといって文法をおろそかにするわけではありません。文法をきっちりおさえてこそ、会話がより充実したものになるのです。というわけで、ここではしっかり文法をお勉強。ここまでマスターしてきたことをおさらいするとともに、さらなるステップアップを目指します。

　まずは、これまで覚えてきた疑問文（〜ですか？）の語尾を、肯定文（〜です。）に変えてみます。

<table>
<tr><td>直前の文字が母音で終わる</td><td>直前の文字が子音で終わる</td></tr>
<tr><td>예요?</td><td>이에요?</td></tr>
<tr><td>⬇</td><td>⬇</td></tr>
<tr><td>예요.</td><td>이에요.</td></tr>
</table>

　はい。何が変わったかわかりますか？思わずじっくり眺めてしまうくらい、そっくりですよね。変わったのはたった1カ所。クエスチョンマーク「?」が、ピリオド「.」に変わっただけです。この形では、微妙な発音のニュアンスだけで、疑問文と肯定文を使い分けます。覚えるほうもラクでいいですよね。

　さて、話はここからで、この肯定文をもう少しかしこまった言いまわしに変えてみたいと思います。

<table>
<tr><td>直前の文字が母音で終わる</td><td>直前の文字が子音で終わる</td></tr>
<tr><td>예요.</td><td>이에요.</td></tr>
<tr><td>⬇</td><td>⬇</td></tr>
<tr><td>ㅂ니다. or 입니다.</td><td>입니다.</td></tr>
</table>

はい。ちょっとだけ複雑になりました。

最初の「예요／이에요」の形も「〜です」という敬語のひとつなのですが、「ㅂ니다／입니다」の形は、それよりもさらにかしこまった表現です。韓国語は敬語の種類が段階別に分かれており、話す相手やシチュエーションによって少しずつ言葉の表現を変えねばなりません。また友人同士で使う言葉や、目下の人に使う言葉などにも少しずつ違いがあります。「예요／이에요」の形と、「ㅂ니다／입니다」の形も、その中のひとつだと考えてください。

厳密な線引きは難しいですが、「예요／이에요」のほうがやわらかい印象の敬語であり、「ㅂ니다／입니다」はそれよりもかたい印象を与えます。主に会話では「예요／이에요」のほうが使われますが、かしこまった席や年配の方などに対しては会話でも「ㅂ니다／입니다」の形を使うことがあります。

なお、母音で終わるほうの形が「ㅂ니다. or 입니다.」と２種類になっているのは、母音で終わる場合のみ縮約形が可能となるためです。最後の文字の下にパッチムとして「ㅂ니다」の「ㅂ」がもぐり込むという形になります。具体的にはこんな感じです。

ナムジャ　　　　　　　ナムジャムニダ　　　　　　　ナムジャイムニダ
남자 ➡ 남잡니다. ／ 남자입니다.
（男性）　　　　　　　　　　　　　（男性です。）

文章で縮約形が使われることは少なく、主に会話の中で使用されます。基本的には「입니다」のほうを使い、母音で終わる場合のみ「ㅂ니다」でもよいと覚える程度でかまいません。

そして、最後にかしこまった表現の疑問文も覚えましょう。「예요／이에요」のときは肯定文も疑問文もクエスチョンマークとピリオドだけの違いでしたが、「ㅂ니다／입니다」の場合は最後が少し変わってきます。

直前の文字が母音で終わる　　　　直前の文字が子音で終わる

ㅂ니다. or 입니다.　　　　입니다.
⬇　　　　　　　　　　　　⬇
ㅂ니까? or 입니까?　　　　입니까?

最後の文字が「다」から「까」に変わりました。また、疑問文なのでピリオドがクエスチョンマークになっております。これがかしこまった表現の疑問文です。会話においては少しかたい表現になりますが、やわらかい表現の疑問文とともに、こちらも覚えておいてください。

➡ **やわらかい表現の肯定文**

直前の文字が母音で終わる	直前の文字が子音で終わる
예요.	이에요.

➡ **やわらかい表現の疑問文**

直前の文字が母音で終わる	直前の文字が子音で終わる
예요?	이에요?

➡ **かしこまった表現の肯定文**

直前の文字が母音で終わる	直前の文字が子音で終わる
ㅂ니다. or 입니다.	입니다.

➡ **かしこまった表現の疑問文**

直前の文字が母音で終わる	直前の文字が子音で終わる
ㅂ니까? or 입니까?	입니까?

練習問題 ❼
解答は P.031

次の文章の中で間違っているものをすべて選び、番号で答えてください。（正解は複数あります）

1 学生ですか？
학생예요?

2 俳優です。
배우예요?

3 会社員ですか？
회사원입니다.

4 バナナです。
바나납니다.

5 レモンですか？
레몬이에요?

6 マンゴーですか？
토마토입니까?

次の単語を、それぞれ **ア** やわらかい表現の肯定文、**イ** 疑問文、**ウ** か
しこまった表現の肯定文、**エ** 疑問文にしてください。**ウエ** は縮約形で
もかまいません。

ペチュ
배추
（白菜）

ア 배추예요.

イ 배추예요?

ウ 배추입니다.

エ 배추입니까?

タングン
당근
（ニンジン）

ア

イ

ウ

エ

コチュ
고추
（唐辛子）

ア

イ

ウ

エ

マヌル
마늘
（ニンニク）

ア

イ

ウ

エ

PELUMN

　さて、それではステップ①、②で勉強したことを踏まえて、いよいよ実践的な会話の練習に入りたいと思います。これまで勉強した「はい」と「いいえ」、そして「～です」の3パターンをたくみに使い、ごくごく初歩的な会話にチャレンジしてみましょう。

　ここでみなさんが覚える会話形式はこれ。

> Q1：이게　○○예요／이에요?
> A1：네, ○○예요／이에요.
> A2：아니요, △△예요／이에요.

　「これは○○ですか?」という質問に対し、質問が正しければA1の「はい、○○です。」で答え、間違っていればA2の「いいえ、△△です。」で答えるというものです。もっと高度な形式で答えるならば、「いいえ、○○ではありません。」という否定文もありますが、それは25ページ以降で学ぶので、まずここでは肯定文のみをきっちりマスターしてください。

　ここで使用する単語は以下の8個。身のまわりにあるようなものを選んでみました。

　前ページを見ながら、該当する単語をカッコの中に書き入れてください。ステップ②で勉強したように「예요／이에요」の形で書き入れてもよいですし、自信のある方は単語だけでもかまいません。

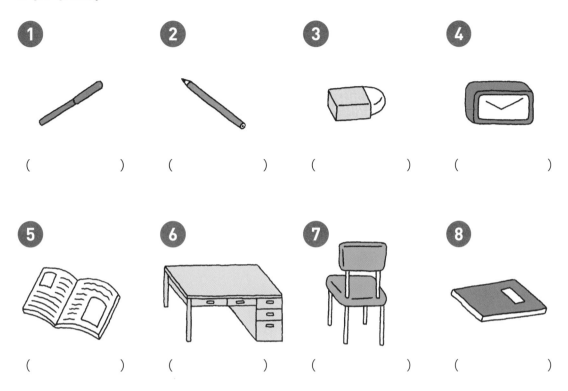

❶（　　　　　　）　❷（　　　　　　）　❸（　　　　　　）　❹（　　　　　　）

❺（　　　　　　）　❻（　　　　　　）　❼（　　　　　　）　❽（　　　　　　）

　きちんと書き込めたらいよいよ練習問題。大きな声で、どんどん答えてみてください。

練習問題 ❾　上のイラスト❶から❽までの単語について、「이게 ○○예요／
解答は P.032　이에요?（これは○○ですか?）」の形で問いかけます。ここでは例のようにすべて答えが「네, ○○예요／이에요.」になるように質問しますので、上のイラストを見ながら答えてください。
※解答は音声でも聞くことができます。（TRACK10）

TRACK
9　ノーマル

例
Q：이게 펜이에요?　（これはペンですか？）
A：네, 펜이에요.　（はい、ペンです。）

練習問題 ❾　と同じですが、質問と回答の間隔が短くなっています。慣れてきたらこちらでテンポよく答える練習もしてみてください。

TRACK
11 　スピードアップ

教科書の発音は2文字目を濃音化させて「교꽈서」と読みますが、
人によっては「キョグァソ」とも読み、どちらも正しいです。

練習問題 ⑩ 前ページのイラスト❶から❽までの単語について、「이게 ○○
解答はP.032 예요/이에요? (これは○○ですか？)」の形で問いかけます。
今度は例のように答えが「아니요, △△예요/이에요.」になる
ように、すべて間違えた形で質問しますので、前ページのイラ
ストを見ながら、まず「아니요」と否定したあとに、正しい単語
を続けて答えてください。※解答は音声でも聞くことができます。(TRACK13)

TRACK 12 ノーマル

例
Q：이게 지우개예요?（これは消しゴムですか？）
A：아니요, 펜이에요.（いいえ、ペンです。）

練習問題 ⑩ と同じですが、質問と回答の間隔が短くなっています。慣れてき
たらこちらでテンポよく答える練習もしてみてください。

TRACK 14 スピードアップ

練習問題 ⑪ 前ページのイラスト❶から❽までの単語について、「이게 ○○
解答はP.032 예요/이에요? (これは○○ですか？)」の形で問いかけます。
今度は例のように答えが「네, ○○예요/이에요.」になったり
「아니요, △△예요/이에요.」になったりするように、正しい形
と間違った形を組み合わせて質問します。前ページのイラスト
を見ながら、単語と質問を照らし合わせ、正しければ「네, ○
○예요/이에요.」で、間違っていれば「아니요, △△예요/이
에요.」の形で答えてください。※解答は音声でも聞くことができます。(TRACK16)

TRACK 15 ノーマル

例
Q：이게 펜이에요?（これはペンですか？）
A：네, 펜이에요.（はい、ペンです。）

Q：이게 지우개예요?（これは消しゴムですか？）
A：아니요, 연필이에요.（いいえ、鉛筆です。）

練習問題 ⑪ と同じですが、質問と回答の間隔が短くなっています。慣れてき
たらこちらでテンポよく答える練習もしてみてください。

TRACK 17 スピードアップ

練習問題 ⑫ 今度は質問の順番を変えてみました。練習問題⑪に慣れてし
解答はP.032 まったら、こちらも試してみてください。
※解答は音声でも聞くことができます。(TRACK19)

TRACK 18 ランダム

慣れないうちはなかなかテンポよく答えられないと思います。
あせらずに何度も何度も繰り返してみてください。

4 会話にチャレンジ(2)

さて、これで第1章は最後になります。ここで勉強するのは否定文。ステップ③で勉強した内容のレベルアップと考えてください。ステップ③では、「これは○○ですか?」という質問に対し、「いいえ、△△です。」という形式で答えました。今度は、「いいえ、○○ではありません。」という形式で答える練習をしたいと思います。

否定文と聞くと難しい印象がありますが、注意すべきはたった1点なので難しく考える必要はありません。これまでの勉強でしっかりと学んできた部分がポイントとなり、直前の文字が母音で終わるか、子音で終わるかに再度注目します。

ということで、例文はこんな感じです。

Q：이게 ○○예요／이에요?

A：아니요, ○○가／이 아니에요.

大事なのは選択肢が2つある「가／이」の部分です。この直前に入る名詞の最後の文字が母音で終わるか、子音で終わるかによって使い分けます。

具体例をあげるとこんな感じです。

<small>アニヨ　　　　　パナナガ　　　　アニエヨ</small>
아니요, 바나나가 아니에요.　　母音で終わる ➡ 가
（いいえ、バナナではありません。）

<small>アニヨ　　　　　レモニ　　　　アニエヨ</small>
아니요, 레몬이 아니에요.　　子音で終わる ➡ 이
（いいえ、レモンではありません。）

これまで何度もやってきたことなので、難しくはないですよね。ひとつだけ、最後の部分が「아니예요」にはならないことに注意してください。この部分は常に「아니에요」の形で変化はしません。

「가／이」は「〜が」という助詞としても使います。
よく使う助詞の一覧は巻末のおまけ124ページにまとめてあります。

1 ペン
펜 （ペン）

ペンではありません。
✎ 펜이 아니에요.

2 ヨンピル
연필 （鉛筆）

鉛筆ではありません。

3 チワケ
지우개 （消しゴム）

消しゴムではありません。

4 シゲ
시계 （時計）

時計ではありません。

5 キョックァソ
교과서 （教科書）

教科書ではありません。

6 チェクサン
책상 （机）

机ではありません。

7 ウィジャ
의자 （椅子）

椅子ではありません。

8 チェク
책 （本）

本ではありません。

9 コジンマルジェンイ
거짓말쟁이
（ウソつき）

ウソつきではありません。

スペースが余ったので9問目にオマケを入れておきました。
10ページのオチに対するアンサーとして使ってください。

　ステップ③と同じイラストを用意しました。まずはカッコの中に単語を書き入れてください。「가／이」の区別に自信のない方は、それも小さく一緒に書いておいてもかまいません。慣れたらあとで消せるように、鉛筆や消せるペンで小さく書くのがオススメです。

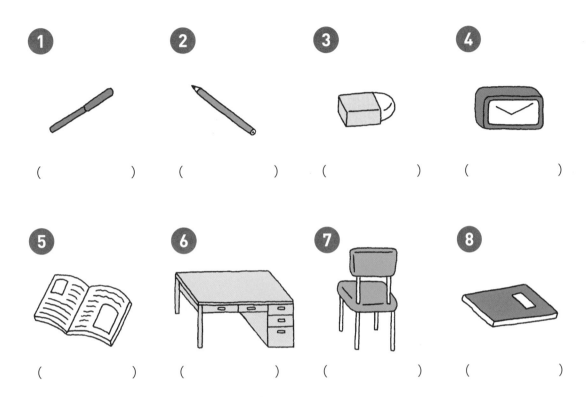

1 (　　　　　)　**2** (　　　　　)　**3** (　　　　　)　**4** (　　　　　)

5 (　　　　　)　**6** (　　　　　)　**7** (　　　　　)　**8** (　　　　　)

練習問題 **14**
解答は P.033

上のイラスト**1**から**8**までの単語について、「이게 ○○예요/이에요? (これは○○ですか?)」の形で順番に問いかけます。ここでは例のようにイラストとは関係なく、すべて「아니요, ○○가／이 아니에요.」の形で答えてください。

※解答は音声でも聞くことができます。(TRACK21)

TRACK **20**))
ノーマル

例
Q：이게 펜이에요?　(これはペンですか?)
A：아니요, 펜이 아니에요.　(いいえ、ペンではありません。)

ペンを見ながら答えるけれどもペンじゃない。
おかしなやりとりですが、それもお勉強です。

練習問題 ⑭ と同じですが、質問と回答の間隔が短くなっています。慣れてきたらこちらでテンポよく答える練習もしてみてください。

TRACK 22)) ▶▶ スピードアップ

練習問題 ⑮
解答は P.033

前ページのイラスト❶から❽までの単語について、「이게 ○○예요／이에요? (これは○○ですか?)」の形で問いかけます。今度は例のように質問の順序をバラバラにし、すべてイラストとは違うものとして尋ねます。それに対して、前ページのイラストを見ながら「아니요, ○○가／이 아니에요.」の形で答えてください。イラストとは違うもので尋ねられるので、単語の聞き取りが重要になります。

※解答は音声でも聞くことができます。(TRACK24)

TRACK 23)) ▶ ノーマル

例
❶

(펜)

Q：이게 연필이에요? （これは鉛筆ですか？）
A：아니요, 연필이 아니에요.
　　（いいえ、鉛筆ではありません。）

※ペンを見ながら、「これは鉛筆ですか？」と聞かれているシチュエーションだと考えてください。答えは「鉛筆ではありません。」になります。聞かれた内容をそのまま否定するだけなので、最初はイラストを見ないほうがやりやすいかもしれません。慣れてきたらイラストを見ながら、ひとつひとつ確認して答えてください。

練習問題 ⑮ と同じですが、質問と回答の間隔が短くなっています。慣れてきたらこちらでテンポよく答える練習もしてみてください。

TRACK 25)) ▶▶ スピードアップ

練習問題 ⓰　27ページのイラスト❶から❽までの単語について、「이게 ○○
解答はP.034　예요／이에요?（これは○○ですか?）」の形で問いかけます。
今度は例のように質問が合っていたり、間違っていたりします。
27ページのイラストを見ながら合っていればステップ③で勉強
した「네, ○○예요／이에요.」の形で答え、間違っていれば「아
니요, ○○가／이 아니에요.」の形で答えてください。

※解答は音声でも聞くことができます。（TRACK27）

TRACK
26))　ノーマル

例

❶

（　　　펜　　　）

Q：이게 펜이에요?
　（これはペンですか？）
A：네, 펜이에요.
　（はい、ペンです。）

❷

（　　　연필　　　）

Q：이게 지우개예요?
　（これは消しゴムですか？）
A：아니요, 지우개가 아니에요.
　（いいえ、消しゴムではありません。）

練習問題 ⓰ と同じですが、質問と回答の間隔が短くなっています。慣れてき
たらこちらでテンポよく答える練習もしてみてください。

TRACK
28))　スピードアップ

練習問題 ⓱　今度は質問の順番を変えてみました。練習問題⓰に慣れてし
解答はP.034　まったら、こちらも試してみてください。

※解答は音声でも聞くことができます。（TRACK30）

TRACK
29))　ランダム

かしこまった表現の否定文

ステップ②に続き、否定文もかしこまった表現にしてみましょう。

→ やわらかい表現の否定文

直前の文字が母音で終わる	直前の文字が子音で終わる
〜가 아니에요.	〜이 아니에요.

→ かしこまった表現の否定文

直前の文字が母音で終わる	直前の文字が子音で終わる
〜가 아닙니다.	〜이 아닙니다.

簡単ですよね。最後の部分が「아니에요.」から「아닙니다.」に変わるだけです。カンペキにマスターすべく練習問題をやってみましょう。

練習問題 ⑱ 21ページで出てきた単語を、それぞれかしこまった表現の否定文に
解答は P.034 直してみてください。

❶ 배추
(白菜)

白菜ではありません。
✏️ 배추가 아닙니다.

❷ 당근
(ニンジン)

ニンジンではありません。
_____

❸ 고추
(唐辛子)

唐辛子ではありません。
_____

❹ 마늘
(ニンニク)

ニンニクではありません。
_____

練習問題 ①

みなさんそれぞれの解答で答えてください。

練習問題 ②

みなさんそれぞれの解答で答えてください。

練習問題 ③

みなさんそれぞれの解答で答えてください。

練習問題 ④

① 사과예요?

② 바나나예요?

③ 귤이에요?

④ 포도예요?

⑤ 딸기예요?

⑥ 레몬이에요?

⑦ 망고예요?

⑧ 키위예요?

⑨ 수박이에요?

⑩ 토마토예요?

練習問題 ⑤ TRACK   ノーマル スピードアップ

① 네 (이게 사과예요?)

② 네 (이게 바나나예요?)

③ 아니요 (이게 토마토예요?)

④ 네 (이게 포도예요?)

⑤ 아니요 (이게 레몬이에요?)

⑥ 아니요 (이게 키위예요?)

⑦ 네 (이게 망고예요?)

⑧ 아니요 (이게 귤이에요?)

⑨ 네 (이게 수박이에요?)

⑩ 아니요 (이게 딸기예요?)

練習問題 ⑥ TRACK 8 ランダム

① 네 (이게 사과예요?)

② 아니요 (이게 토마토예요?)

③ 네 (이게 귤이에요?)

④ 아니요 (이게 레몬이에요?)

⑤ 네 (이게 딸기예요?)

⑥ 아니요 (이게 키위예요?)

⑦ 아니요 (이게 바나나예요?)

⑧ 아니요 (이게 포도예요?)

⑨ 네 (이게 수박이에요?)

⑩ 아니요 (이게 망고예요?)

ペラペラ COLUMN ―Vol.1―

練習問題 ⑦

① ② ③ ⑥

➡ ① は「학생이에요?」が正解。
　（예요?→이에요?）

➡ ② は「배우예요.」が正解。
　（ハテナ→ピリオド）

➡ ③ は「회사원입니까?」が正解。
　（肯定文→疑問文）

➡ ⑥ は「망고입니까?」が正解。
　（トマト→マンゴー）

練習問題 ⑧

白菜 ㋐ 배추예요.
　　 ㋑ 배추예요?
　　 ㋒ 배추입니다. or 배춥니다.
　　 ㋓ 배추입니까? or 배춥니까?

ニンジン ㋐ 당근이에요.
　　　　 ㋑ 당근이에요?
　　　　 ㋒ 당근입니다.
　　　　 ㋓ 당근입니까?

唐辛子 ㋐ 고추예요.
　　　 ㋑ 고추예요?
　　　 ㋒ 고추입니다. or 고춥니다.
　　　 ㋓ 고추입니까? or 고춥니까?

ニンニク ㋐ 마늘이에요.
　　　　 ㋑ 마늘이에요?
　　　　 ㋒ 마늘입니다.
　　　　 ㋓ 마늘입니까?

練習問題 ⑨ TRACK 10 ノーマル スピードアップ

❶ 네, 펜이에요. (이게 펜이에요?)
❷ 네, 연필이에요. (이게 연필이에요?)
❸ 네, 지우개예요. (이게 지우개예요?)
❹ 네, 시계예요. (이게 시계예요?)
❺ 네, 교과서예요. (이게 교과서예요?)
❻ 네, 책상이에요. (이게 책상이에요?)
❼ 네, 의자예요. (이게 의자예요?)
❽ 네, 책이에요. (이게 책이에요?)

練習問題 ⑩ TRACK 13   ノーマル スピードアップ

❶ 아니요, 펜이에요. (이게 지우개예요?)
❷ 아니요, 연필이에요. (이게 책이에요?)
❸ 이니요, 지우개예요. (이게 펜이에요?)
❹ 아니요, 시계예요. (이게 의자예요?)
❺ 아니요, 교과서예요. (이게 책상이에요?)
❻ 아니요, 책상이에요. (이게 교과서예요?)
❼ 아니요, 의자예요. (이게 연필이에요?)
❽ 아니요, 책이에요. (이게 시계예요?)

練習問題 ⑪ TRACK 16   ノーマル スピードアップ

❶ 네, 펜이에요. (이게 펜이에요?)
❷ 아니요, 연필이에요. (이게 교과서예요?)
❸ 네, 지우개예요. (이게 지우개예요?)
❹ 네, 시계예요. (이게 시계예요?)
❺ 아니요, 교과서예요. (이게 연필이에요?)
❻ 네, 책상이에요. (이게 책상이에요?)
❼ 아니요, 의자예요. (이게 책이에요?)
❽ 아니요, 책이에요. (이게 의자예요?)

練習問題 ⑫ TRACK 19   ランダム

❶ 아니요, 펜이에요. (이게 연필이에요?)
❷ 아니요, 연필이에요. (이게 펜이에요?)
❸ 네, 지우개예요. (이게 지우개예요?)
❹ 아니요, 시계예요. (이게 의자예요?)
❺ 아니요, 교과서예요. (이게 시계예요?)
❻ 네, 책상이에요. (이게 책상이에요?)
❼ 아니요, 의자예요. (이게 책이에요?)
❽ 아니요, 책이에요. (이게 교과서예요?)

練習問題 ⑬

1 펜이 아니에요.

2 연필이 아니에요.

3 지우개가 아니에요.

4 시계가 아니에요.

5 교과서가 아니에요.

6 책상이 아니에요.

7 의자가 아니에요.

8 책이 아니에요.

9 거짓말쟁이가 아니에요.

練習問題 ⑭ TRACK 21   ノーマル スピードアップ

1 아니요, 펜이 아니에요.
(이게 펜이에요?)

2 아니요, 연필이 아니에요.
(이게 연필이에요?)

3 아니요, 지우개가 아니에요.
(이게 지우개예요?)

4 아니요, 시계가 아니에요.
(이게 시계예요?)

5 아니요, 교과서가 아니에요.
(이게 교과서예요?)

6 아니요, 책상이 아니에요.
(이게 책상이에요?)

7 아니요, 의자가 아니에요.
(이게 의자예요?)

8 아니요, 책이 아니에요.
(이게 책이에요?)

練習問題 ⑮ TRACK 24   ノーマル スピードアップ

1 아니요, 연필이 아니에요.
(이게 연필이에요?)

2 아니요, 펜이 아니에요.
(이게 펜이에요?)

3 아니요, 책이 아니에요.
(이게 책이에요?)

4 아니요, 교과서가 아니에요.
(이게 교과서예요?)

5 아니요, 지우개가 아니에요.
(이게 지우개예요?)

6 아니요, 시계가 아니에요.
(이게 시계예요?)

7 아니요, 책상이 아니에요.
(이게 책상이에요?)

8 아니요, 의자가 아니에요.
(이게 의자예요?)

プハハハハハハ
푸하하하하하하하!

☆韓国語で笑います。

練習問題 ⑯

TRACK 27 ノーマル スピードアップ

❶ 네, 펜이에요.
(이게 펜이에요?)

❷ 네, 연필이에요.
(이게 연필이에요?)

❸ 아니요, 책이 아니에요.
(이게 책이에요?)

❹ 네, 시계예요.
(이게 시계예요?)

❺ 아니요, 지우개가 아니에요.
(이게 지우개예요?)

❻ 네, 책상이에요.
(이게 책상이에요?)

❼ 아니요, 교과서가 아니에요.
(이게 교과서예요?)

❽ 아니요, 의자가 아니에요.
(이게 의자예요?)

練習問題 ⑰

TRACK 30 ランダム

❶ 아니요, 연필이 아니에요.
(이게 연필이에요?)

❷ 아니요, 펜이 아니에요.
(이게 펜이에요?)

❸ 네, 지우개예요.
(이게 지우개예요?)

❹ 네, 시계예요.
(이게 시계예요?)

❺ 아니요, 책상이 아니에요.
(이게 책상이에요?)

❻ 아니요, 교과서가 아니에요.
(이게 교과서예요?)

❼ 네, 의자예요.
(이게 의자예요?)

❽ 네, 책이에요.
(이게 책이에요?)

ペラペラCOLUMN ―Vol.2 ―

練習問題 ⑱

❶ 배추가 아닙니다.

❷ 당근이 아닙니다.

❸ 고추가 아닙니다.

❹ 마늘이 아닙니다.

ホゴク
허걱!

☆韓国語で驚きます。

第 **2** 章

あ、ない、いる、いないを学ぼう！

〜 存在詞とは 〜

① 存在詞

　盛りだくさんだった第1章に比べ、第2章はやや控えめなページ数です。難易度もそれほどではないはずなので（たぶん）、勢いに乗ってどんどん進めていってください。第1章では名詞の肯定文・疑問文・否定文について勉強しましたが、この第2章では存在詞の肯定文・疑問文・否定文について勉強したいと思います。日本語ではあまり耳慣れない存在詞という単語、このような言葉を指す用語です。

<table>
<tr><td>イッタ</td><td>オプタ</td></tr>
<tr><td>있다</td><td>없다</td></tr>
<tr><td>（ある、いる）</td><td>（ない、いない）</td></tr>
</table>

　基本的にはこの2語のみです。韓国語では「ある」と「いる」は同じ単語を用います。厳密に言うと、「계시다（いらっしゃる）」という尊敬語もあります。

　それではまず、肯定文と疑問文から勉強していきましょう。上記の単語を文章にする過程については第3章でやりますので、まずはフレーズを丸ごと覚えてください。肯定文と疑問文の違いも、しっかり見比べていただければと思います。

● 肯定文

イッソヨ
있어요.
（あります、います。）

オプソヨ
없어요.
（ありません、いません。）

● 疑問文

イッソヨ
있어요?
（ありますか、いますか？）

オプソヨ
없어요?
（ありませんか、いませんか？）

よく見てください。気付きましたか？
またもピリオドとクエスチョンマークだけの違いです。

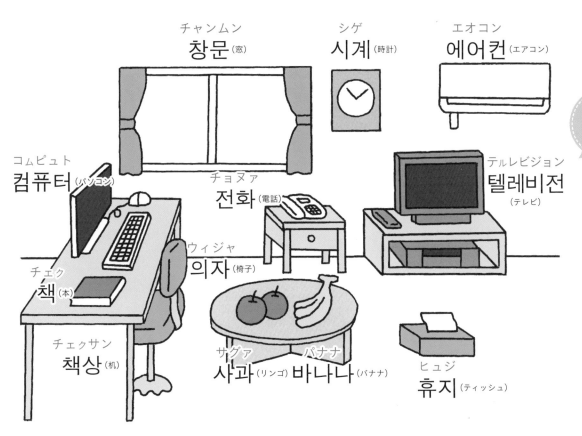

チャンムン
창문 (窓)

シゲ
시계 (時計)

エオコン
에어컨 (エアコン)

コムピュト
컴퓨터 (パソコン)

チョヌァ
전화 (電話)

テルレビジョン
텔레비전 (テレビ)

チェク
책 (本)

ウィジャ
의자 (椅子)

チェクサン
책상 (机)

サグァ
사과 (リンゴ)

パナナ
바나나 (バナナ)

ヒュジ
휴지 (ティッシュ)

　覚えることが少ないので、いきなり練習問題でビシビシいきたいと思います。まずはその準備として、イラストにある単語を書き抜いてください。

시계

時計	本	机
椅子	リンゴ	バナナ
電話	パソコン	テレビ
エアコン	窓	ティッシュ

どこに何があるのかしっかり目に焼き付けてください。
韓国語会話というよりも、間違い探しの要素が強い練習問題になるはずです。

練習問題 ① 解答は P.043 前ページのイラストとよく似ていますが、いくつかのものがなくなっています。あるも
のと、ないものに注意しつつ、質問に「있어요.」か「없어요.」で答えてください。

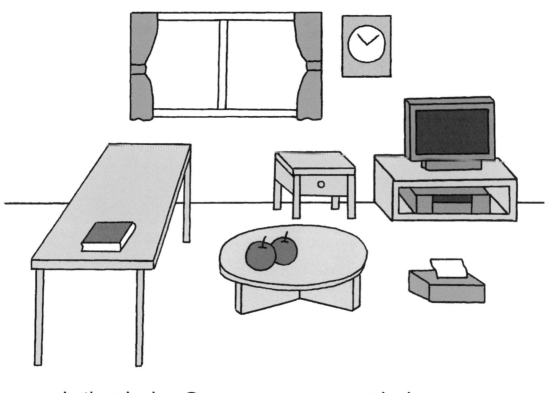

例. 시계 있어요?　　　　　　　있어요.

1. 책상 있어요?

2. 사과 있어요?

3. 바나나 있어요?

4. 전화 있어요?

5. 컴퓨터 있어요?

6. 에어컨 있어요?

7. 창문 있어요?

練習問題② さらに37ページとイラストが少し変わっています。音声を聞きながら、あるものと、ないものに注意しつつ、「있어요.」か「없어요.」で答えてください。

解答は P.043

※解答は音声でも聞くことができます。（TRACK32）

TRACK 31)) ノーマル ▶

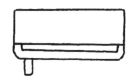

練習問題② と同じですが、質問と回答の間隔が短くなっています。慣れてきたらこちらでテンポよく答える練習もしてみてください。

TRACK 33)) スピードアップ ▶▶

練習問題③ 今度は質問の順番を変えてみました。練習問題②に慣れてしまったら、こちらも試してみてください。

解答は P.043

※解答は音声でも聞くことができます。（TRACK35）

TRACK 34)) ランダム

ないものを事前にピックアップしておくとラクです。
記憶力に自信のある方は、ぶっつけ本番で試してみてください。

ペラペラ COLUMN

vol.3

「ありはしません」「なくはありません」

さて、肯定文、疑問文ときて次は否定文なのですが、存在詞における否定文というのはちょっとややこしいことになっています。というのも、普通「あります」の否定形というのは「ありません」であり、「いる」の否定形も「いません」ですよね。これまで勉強してきた対の表現が、そのまま否定文になってしまうということです。

イッソヨ

있어요.

（あります、います。）

⟷

オプソヨ

없어요.

（ありません、いません。）

というわけで、あえて存在詞の否定文を勉強する必要はないのですが、ちょっとややこしいことに「ありはしません、いはしません」、「なくはありません、いなくはありません」といった形で否定文を作ることもあります。この場合は「있다」「없다」という2つの存在詞をこんな形で否定文にします。

◗ やわらかい表現の否定文

イッチ　　アナヨ

있지 않아요.

（ありはしません、いはしません。）

オプチ　　アナヨ

없지 않아요.

（なくはありません、いなくはありません。）

◗ かしこまった表現の否定文

イッチ　　　　アンスムニダ

있지 않습니다.

（ありはしません、いはしません。）

オプチ　　　　アンスムニダ

없지 않습니다.

（なくはありません、いなくはありません。）

ただし、この否定文に関する細かな説明はしません。次の章で細かく勉強する動詞、形容詞の否定文と基本的には作り方が同じなので、そちらを勉強する上で自然に身についていく内容です。話の流れとして、こういった表現もあるということだけ、なんとなく頭の片隅に入れておいてください。

存在詞のかしこまった表現

　第1章で勉強したときと同じように、存在詞のかしこまった表現もきちんとマスターしておきましょう。日本語ではほぼ同じになってしまいますが、韓国語では微妙なニュアンスの違いがあると覚えておいてください。

◯ かしこまった表現の肯定文

イッスムニダ
있습니다.
（あります、います。）

オプスムニダ
없습니다.
（ありません、いません。）

◯ かしこまった表現の疑問文

イッスムニッカ
있습니까?
（ありますか、いますか？）

オプスムニッカ
없습니까?
（ありませんか、いませんか？）

　存在詞の語幹に肯定文のときは「습니다.」が、疑問文のときは「습니까?」がつきます。それでは練習問題もやってみることにしましょう。

練習問題 ❹
解答は P.043
やわらかい表現の肯定文と疑問文を、それぞれかしこまった表現に書きかえてください。

1 있어요.
（あります、います。）　✎ _____

2 있어요?
（ありますか、いますか？）　_____

3 없어요.
（ありません、いません。）　_____

4 없어요?
（ありませんか、いませんか？）　_____

尊敬語「いらっしゃいます」

　もう1点、存在詞に関するレベルアップ表現を紹介しておきます。韓国語にはさまざまな敬語があり、目上の人への言葉遣いは非常に重要になります。この章では勉強のために「있어요.」「없어요.」を中心に使ってきましたが、目上の人について話をするときは「계시다（いらっしゃる）」という尊敬語を使うほうが自然です。こちらを使えるとよりネイティブっぽい韓国語になります。

　文法的な話は、第3章以降にまわしますが、こういう表現があるんだぁと、まずは眺めておいてください。

➡ やわらかい表現の肯定文

ケセヨ
계세요.
（いらっしゃいます。）

アン　　ゲセヨ
안 계세요.
（いらっしゃいません。）

➡ やわらかい表現の疑問文

ケセヨ
계세요?
（いらっしゃいますか？）

アン　　ゲセヨ
안 계세요?
（いらっしゃいませんか？）

➡ かしこまった表現の肯定文

ケシムニダ
계십니다.
（いらっしゃいます。）

アン　　ゲシムニダ
안 계십니다.
（いらっしゃいません。）

➡ かしこまった表現の疑問文

ケシムニッカ
계십니까?
（いらっしゃいますか？）

アン　　ゲシムニッカ
안 계십니까?
（いらっしゃいませんか？）

いっぺんに覚えない！ というのは意外に大事です。
次の章を勉強したあとに戻ってくるとなぜか理解できていたりします。

第2章 【 練習問題 解答 】

練習問題①

① 있어요.

② 있어요.

③ 없어요.

④ 없어요.

⑤ 없어요.

⑥ 없어요.

⑦ 있어요.

練習問題② TRACK **32** ノーマル スピードアップ

① 있어요. (시계 있어요?)

② 있어요. (책 있어요?)

③ 있어요. (책상 있어요?)

④ 있어요. (의자 있어요?)

⑤ 없어요. (사과 있어요?)

⑥ 있어요. (바나나 있어요?)

⑦ 있어요. (전화 있어요?)

⑧ 있어요. (컴퓨터 있어요?)

⑨ 없어요. (텔레비전 있어요?)

⑩ 있어요. (에어컨 있어요?)

⑪ 없어요. (창문 있어요?)

⑫ 있어요. (휴지 있어요?)

練習問題③ TRACK **35** ランダム

① 있어요. (의자 있어요?)

② 없어요. (텔레비전 있어요?)

③ 있어요. (바나나 있어요?)

④ 없어요. (창문 있어요?)

⑤ 있어요. (시계 있어요?)

⑥ 있어요. (전화 있어요?)

⑦ 없어요. (사과 있어요?)

⑧ 있어요. (책 있어요?)

⑨ 있어요. (휴지 있어요?)

⑩ 있어요. (책상 있어요?)

⑪ 있어요. (에어컨 있어요?)

⑫ 있어요. (컴퓨터 있어요?)

ペラペラCOLUMN ―Vol.3―

練習問題④

① 있습니다.

② 있습니까?

③ 없습니다.

④ 없습니까?

第 3 章 3

イラストを目に焼き付けて覚えよう！
〜 動詞・形容詞の肯定・疑問・否定文 〜

動詞・形容詞の肯定・疑問・否定文

　さて、第3章では動詞・形容詞の肯定文・疑問文・否定文を勉強します。ただし、これまでと少し勉強の方法が変わりますのでご注意を。第1章、第2章では名詞・存在詞の肯定文・疑問文・否定文を別々に勉強してきましたが、動詞・形容詞ではそれをいっぺんに勉強してしまいます。というのも、動詞・形容詞の場合はその区別がさほど難しくないんです。むしろ難しいところは別にあるので、それをたくみにごまかしつつこんな勉強法を考えてみました。何の説明もなしにいきなり練習問題です。

　まずは次の9個のイラストを見てください。それぞれ左側のイラストに疑問文が書かれており、右側で2つに別れたイラストには肯定文と否定文が書かれています。これまでも勉強してきたように、疑問文に対し「はい」、「いいえ」のどちらかで答える形式を表しています。

練習問題①
解答は P.075
次の①〜⑨のイラストをよく目に焼き付け、音声の問いに答えてください。音声は左側のイラストに書かれた疑問文を2回読みます。1回目は右上の肯定文で、2回目は右下の否定文で答えてください。それぞれ「はい」「いいえ」もつけ加えてください。
※解答は音声でも聞くことができます。（TRACK37）

TRACK 36 ノーマル

練習問題① と同じですが、質問と回答の間隔が短くなっています。慣れてきたら、こちらでテンポよく答える練習もしてみてください。

TRACK 38   スピードアップ

❶ 調子にノッて超大盛を頼んだ人へのひと言

クェンチャナヨ
괜찮아요?
（大丈夫ですか？）

ネ　クェンチャナヨ
네, 괜찮아요.
（はい、大丈夫です。）

アニヨ　　　アン　グェンチャナヨ
아니요, 안 괜찮아요.
（いいえ、大丈夫ではありません。）

2 超空腹の人の足元を見て言うひと言

3 お金のために命を賭けるかどうか悩んだときのひと言

4 K-POPのライブで同行者のノリノリ度合いを問うひと言

5 待ち人への思いをそのへんの花に託す運命のひと言

6 戦う相手にプレッシャーをかけるひと言

ッサウォヨ
싸워요?
（戦いますか？）

ネ　ッサウォヨ
네, 싸워요.
（はい、戦います。）

アニヨ　アン　ッサウォォヨ
아니요, 안 싸워요.
（いいえ、戦いません。）

7 自身の王様としての立場を確認するひと言

ポヨヨ
보여요?
（見えますか？）

ネ　ポヨヨ
네, 보여요.
（はい、見えます。）

アニヨ　アン　ポヨヨ
아니요, 안 보여요.
（いいえ、見えません。）

8 家のカギが壊れて大ピンチのときのひと言

9 明日のテストに向けて睡魔と闘うときのひと言

練習問題 ② 46ページの練習問題①を踏まえて、次の質問に対し、「네」を含む肯定文で答えて
解答は P.075　 ください。

1 大丈夫ですか？
　　괜찮아요?
はい、大丈夫です。
✎ 네, 괜찮아요.

2 食べますか？
　　먹어요?
はい、食べます。

3 行きますか？
　　가요?
はい、行きます。

4 立ちますか？
　　서요?
はい、立ちます。

5 来ますか？
　　와요?
はい、来ます。

6 戦いますか？
　　싸워요?
はい、戦います。

7 見えますか？
　　보여요?
はい、見えます。

8 うまくいきますか？
　　잘돼요?
はい、うまくいきます。

9 勉強しますか？
　　공부해요?
はい、勉強します。

理屈の部分はあとのページで説明します。
でもここが大事なので、覚えてしまうぐらいが理想です。

練習問題 ③ 46ページの練習問題①を踏まえて、次の質問に対し、「아니요」を含む否定文で
解答はP.075 答えてください。

1 大丈夫ですか?
괜찮아요?

いいえ、大丈夫ではありません。
✏️ 아니요, 안 괜찮아요.

2 食べますか?
먹어요?

いいえ、食べません。
_____

3 行きますか?
가요?

いいえ、行きません。
_____

4 立ちますか?
서요?

いいえ、立ちません。
_____

5 来ますか?
와요?

いいえ、来ません。
_____

6 戦いますか?
싸워요?

いいえ、戦いません。
_____

7 見えますか?
보여요?

いいえ、見えません。
_____

8 うまくいきますか?
잘돼요?

いいえ、だめです。
_____

9 勉強しますか?
공부해요?

いいえ、勉強しません。
_____

動詞・形容詞の否定文は「안」を加えて作ります。
でも8、9問目のようにすべてが「안」をつけるだけではないことにご注意ください。

練習問題④ **❶**から**❾**までの質問を読み上げます。イラストの絵を見て、ふさわしいほうの形式で答えてください。

解答は P.075

※解答は音声でも聞くことができます。（TRACK40）

TRACK 39

ノーマル

1 大丈夫ですか？

2 食べますか？

3 行きますか？

4 立ちますか？

5 来ますか？

6 戦いますか？

7 見えますか？

8 うまくいきますか？

9 勉強しますか？

練習問題④ と同じですが、質問と回答の間隔が短くなっています。慣れてきたらこちらでテンポよく答える練習もしてみてください。

TRACK 41

スピードアップ

練習問題 ⑤ ❶から❾までの質問を読み上げます。イラストの絵を見て、ふさわしいほうの形式で答えてください。

解答は P.075

※解答は音声でも聞くことができます。（TRACK43）

TRACK
42 ノーマル

1 大丈夫ですか？

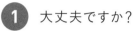

2 食べますか？

3 行きますか？

4 立ちますか？

5 来ますか？

6 戦いますか？

7 見えますか？

8 うまくいきますか？

9 勉強しますか？

練習問題 ⑤ と同じですが、質問と回答の間隔が短くなっています。慣れてきたらこちらでテンポよく答える練習もしてみてください。

TRACK
44 スピードアップ

2 動詞・形容詞の変化

さて、今までのところ一切の理屈抜きで練習問題ばかりをやってきましたが、なんとなく瞬発力で答えられるようになりましたでしょうか？　ほとんどの質問に対して、そっくりそのまま答えるか、あるいは「안」をつけて答えるかなので、なんとか大丈夫だった！という方が多ければ幸いです。

聞かれたことの意味を即座につかみ、「はい」か「いいえ」で答えるのは会話の基本。難しかったという方は、ぜひ繰り返し練習問題を試してみてください。

そして、ここからはステップ①で勉強した9個の例文を使用し、細かな文法的要素に踏み込んでいきます。ちょっとややこしい話になりますが、みなさんにはこれまで培った感覚的な力が備わっていますので、必ずや乗り越えられるはずです。まずはこれを見てください。

クェンチャンタ
괜찮**다**
（大丈夫だ）

➡

クェンチャナヨ
괜찮**아요.**
（大丈夫です。）

右はこれまで勉強してきた肯定文。左はその基礎となる形で、辞書に掲載されていることから「辞書形」、または「基本形」などと呼ばれる形です。特徴的なのは赤字で示した部分。最後が「다」になっており、この章で勉強中の動詞・形容詞、そして第2章で勉強した存在詞など、すべて「다」で終わる形で辞書に掲載されています。単語を覚える際は、まずこの基本形で覚え、それを使いたい表現に合わせて変形させていく作業が必要です。

そして、ここがいちばん重要なのですが、表現に合わせて変化させるとき、使われるのは最後の「다」を除いた部分だけになります。この「다」を除いた部分を「語幹」と呼び、語幹以降を組み替えることで、豊かな表現を用いることができるようになります。まずはこの語幹に慣れるための練習問題をしてみましょう。

練習問題 ⑥　次の単語の語幹を書き抜いてください。
解答は P.075

例．大丈夫だ
괜찮다 (　괜찮　)

1 食べる
먹다 (　　　　　)

2 行く
가다 (　　　　　)

3 立つ
서다 (　　　　　)

基本形からの変化

語幹を見極める力をつけたところで、以下の一覧を見ていきたいと思います。これはステップ①で勉強した文章（はい、で答える右上のイラスト部分）と、その単語の基本形を併記したものです。それぞれ動詞・形容詞の肯定文としてとらえてきましたが、語幹の後ろがずいぶんと複雑な変化をしていることに気付くのではないかと思います。

基本形		やわらかい表現の肯定文
괜찮다	⟶	괜찮아요.
먹다	⟶	먹어요.
가다	⟶	가요.
서다	⟶	서요.
오다	⟶	와요.
싸우다	⟶	싸워요.
보이다	⟶	보여요.
잘되다	⟶	잘돼요.
공부하다	⟶	공부해요.

それぞれ単語によって語幹の後ろに「아요」がついたり、「어요」がついたり、または「요」だけがついたり、さらには語幹の最後が別の母音に変化している単語もあります。

実はこの9単語、すべて異なる文法規則によって語尾と結びついているんです。

この9パターンをすべてイチから覚えるのは、とっても大変。ということで、ステップ①では語尾と結びついたあとの形だけをまず覚えていただきました。これなら覚えた9パターンの文章をひとつひとつ思い出し、読み解いていく作業ですむからです。

それでは9個のパターンをひとつひとつ検証していきましょう。なお、便宜上9個のパターンと呼びましたが、文法説明の部分では法則は5つにまとめています。似通ったパターンを一緒に説明しますので、混乱しないように注意してください。

【 法則1 】

語幹の最後の文字にパッチムがあり、母音が「ㅏ」「ㅑ」「ㅗ」（陽母音と呼ぶ）ならば語幹に「아요」をつけ、「ㅏ」「ㅑ」「ㅗ」以外（陰母音と呼ぶ）ならば語幹に「어요」をつける。

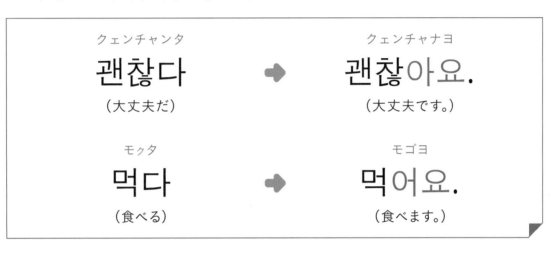

注目すべきは語幹の最後の文字で、「괜찮다」の「찮」と、「먹다」の「먹」です。語幹が1文字であっても、それが最後と考えてください。基本形を作る「다」の直前にある文字と考えてもいいですね。「찮」の母音は「ㅏ」なので陽母音、「먹」の母音は「ㅓ」なので陰母音だとわかります。陽母音の「괜찮다」は語幹に「아요」をつけて「괜찮아요.」となり、陰母音の「먹다」は語幹に「어요」をつけて「먹어요.」となります。

その他の単語例

【 法則2 】

語幹の最後の文字にパッチムがなく、母音「ㅏ」「ㅓ」「ㅕ」「ㅐ」「ㅔ」で終わる場合は「아요／어요」の「아／어」が吸収され、「語幹＋요」の形になる。

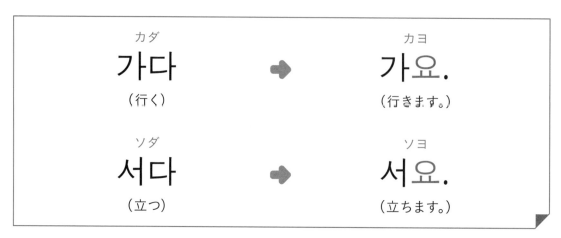

カダ **가다** （行く）	➡	カヨ **가요.** （行きます。）
ソダ **서다** （立つ）	➡	ソヨ **서요.** （立ちます。）

【法則1】のように「아요／어요」がつくけれど、前の母音に吸収されていくイメージです。

가다 ➡ 가아요. ➡ 가요.

서다 ➡ 서어요. ➡ 서요.

その他の単語例

マンナダ **만나다** ➡ マンナヨ **만나요.**	ッサダ **싸다** ➡ ッサヨ **싸요.**
（会う） （会います。）	（安い） （安いです。）
コンノダ **건너다** ➡ コンノヨ **건너요.**	ナソダ **나서다** ➡ ナソヨ **나서요.**
（渡る） （渡ります。）	（出る） （出ます。）

セダ **세다** ➡ セヨ **세요.**	ネダ **내다** ➡ ネヨ **내요.**	キョダ **켜다** ➡ キョヨ **켜요.**
（数える） （数えます。）	（出す） （出します。）	（点ける） （点けます。）

【 法則3 】

　語幹の最後の文字にパッチムがなく、母音「ㅗ」「ㅜ」「ㅣ」で終わる場合は「아요／어요」と結合し縮約形を作る。会話では縮約形が主として使われ、文章でも多くは縮約した形を使うが、縮約せずに表記することもある。

「오」 ＋ 「아요」　➡　「와요」
「우」 ＋ 「어요」　➡　「워요」
「이」 ＋ 「어요」　➡　「여요」

オダ 오다 (来る)	➡	ワヨ 와요. (来ます。)
ッサウダ 싸우다 (戦う)	➡	ッサウォヨ 싸워요. (戦います。)
ポイダ 보이다 (見える)	➡	ポヨヨ 보여요. (見えます。)

　なんとなく母音が足し算されたようなイメージでしょうか。上の例ではすべて子音が「ㅇ」ですが、その他の子音のときも同じように変化します。

その他の単語例

ポダ 보다 (見る)	➡	ポァヨ 봐요. (見ます。)	パックダ 바꾸다 (変える)	➡	パックォヨ 바꿔요. (変えます。)

マシダ 마시다 (飲む)	➡	マショヨ 마셔요. (飲みます。)

【 法則4 】

　語幹の最後の文字にパッチムがなく、複合母音「ㅚ」で終わる場合は、陰母音なので「어요」があとにつくが、「어」が結合した「ㅙ요」という縮約形も多く使われる。縮約しない形は主に文章で使われ、縮約形は主に会話で使用される。

「외」＋「어요」 ➡ 「왜요」

チャルドゥェダ
잘되다 ➡
（うまくいく）

チャルドゥェオヨ
잘되어요. ➡
（うまくいきます。）

チャルドゥェヨ
잘돼요.
（うまくいきます。）

　9個の例文のうち、❽❾は否定文の形が違っていました。「잘되다」は「うまくいく」という意味の単語ですが、これを否定文にする際は「안 잘돼요」とせず、「うまくいかない」という意味の「안되다」を使います。「잘되다」と同じく、「안되다 → 안되어요 → 안돼요」と変化し、縮約形の「안돼요」になります。複合母音「ㅚ」で終わる単語は他にもありますが、よく使う「잘되다」「안되다」を紹介したくてこのような例文になりました。多少のイレギュラーであることをご理解ください。

　【法則3】と少し異なるのは、【法則3】に含まれる単語がほとんど縮約形で使われるのに対し、【法則4】では縮約しない形も比較的多く使われることです。

その他の単語例

プェダ
되다 ➡
（お目にかかる）

プェヨ
돼요.
（お目にかかります。）

ッセダ
쐬다 ➡
（浴びる）

ッセヨ
쐐요.
（浴びます。）

【 法則5 】

　名詞に「하다」がついた動詞・形容詞の場合は「여요」がついて、「하여요」になるが、たいていの場合は縮約形である「해요」を使用する。

コンブハダ
공부하다
（勉強する）

➡

コンブヘヨ
공부해요.
（勉強します。）

　この「하다」という単語は「する」という動詞なのですが、直前に名詞をともなって、名詞を動詞化・形容詞化させる働きも持っています。上の「공부하다」も「공부（勉強）」という名詞に「하다」がついた形です。

　その他の具体例をいくつか紹介すると、次のような単語が当てはまります。

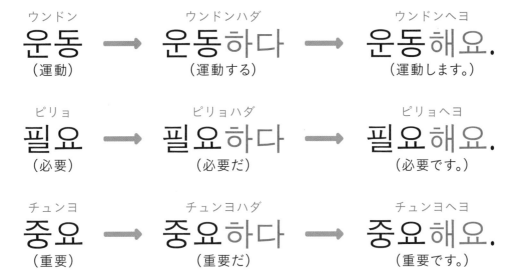

ウンドン
운동 → ウンドンハダ 운동하다 → ウンドンヘヨ 운동해요.
（運動）　　　（運動する）　　　（運動します。）

ピリョ
필요 → ピリョハダ 필요하다 → ピリョヘヨ 필요해요.
（必要）　　　（必要だ）　　　（必要です。）

チュンヨ
중요 → チュンヨハダ 중요하다 → チュンヨヘヨ 중요해요.
（重要）　　　（重要だ）　　　（重要です。）

　「하다」はたくさんの漢字熟語と結びつきますが、その多くは日本語での使い方と共通するので便利です。しかも韓国語は漢字ひとつに対し、読み方が基本的にひとつなので、覚えると飛躍的に語彙が増えます。ただし、「공부하다（勉強する）」の「공부」は「工夫」という漢字語ですが、日本語の「工夫する」という意味では使いません。漢字の知識はおおいに役に立つものの、完全に同じではないことに注意してください。

上の例を見ても「必要」、「重要」の「要」は「요」。
「要求」という単語は「요구」というようにすべて共通しています。

【 「名詞＋하다」動詞の否定文 】

肯定文だけでなく、否定文についても一緒に勉強しましょう。「하다」動詞のうち「名詞＋하다」で構成される単語は、他の動詞と比べ否定文の作り方が少し変わってきます。他の動詞は単語の直前に、否定の意味を持つ「안」を組み込めばよかったですが、「名詞＋하다」動詞の場合は単語を分割する作業が必要になります。52ページの練習問題③を振り返ってみてください。

◉ 通常の動詞

モクタ
먹다
（食べる）

→

アン　　モゴヨ
안 먹어요.
（食べません。）

◉「名詞＋하다」動詞

コンブハダ
공부하다
（勉強する）

→

コンブ　　アネヨ
공부 안 해요.
（勉強しません。）

ただし、形容詞の場合や、名詞と結合した形ではない「하다」動詞は単語を分割しません。「名詞＋하다」動詞のみ、単語を分割して真ん中に否定の「안」が入ると覚えてください。

◉「名詞＋하다」形容詞

ピリョハダ
필요하다
（必要だ）

→

アン　　ピリョヘヨ
안 필요해요.
（必要ではありません。）

練習問題 ⑦ 次の「名詞＋하다」動詞を否定文にしてください。
解答はP.075

① 運動する
운동하다

運動しません。
✎ 운동 안 해요.

② 料理する
요리하다

料理しません。

③ 運転する
운전하다

運転しません。

さて、これで理屈の部分はすべて勉強しました。いっぺんにたくさんのことを勉強したので、なかなか頭には入りきらないかとは思います。でも、そのときのために9パターンの文章を覚えたので、悩んだら必ずそこに戻ってください。9パターンの中の単語と同じ法則を見つければ、新しい単語でも同じように活用することができます。

練習問題 ⑧ 次の単語を「〜요」という形の肯定文に直してください。解答欄の上にはヒントとして法則番号と、該当する9パターンの例文を記載してあります。参考にしてみてください。
解答は P.076

① つかむ　→　つかみます。　　ヒント:【法則1】(괜찮아요.)

잡다　　　　　　　　　　✎ 잡아요.

② 小さい　→　小さいです。　　ヒント:【法則1】(괜찮아요.)

작다

③ 泣く　→　泣きます。　　ヒント:【法則1】(먹어요.)

울다

④ 長い　→　長いです。　　ヒント:【法則1】(먹어요.)

길다

⑤ 会う　→　会います。　　ヒント:【法則2】(가요.)

만나다

⑥ 安い　→　安いです。　　ヒント:【法則2】(가요.)

싸다

⑦ 渡る　→　渡ります。　　ヒント:【法則2】(서요.)

건너다

⑧ 出る　→　出ます。　　ヒント:【法則2】(서요.)

나서다

⑨ 数える　→　数えます。　　ヒント:【法則2】(서요.)

세다

⑩ 出す　→　出します。　　ヒント:【法則2】(서요.)

내다

⑪ 点ける　→　点けます。　　ヒント:【法則2】(서요.)

켜다

12 見る → 見ます。　　　　　　ヒント：【法則3】（와요.）

보다

_____

13 撃つ → 撃ちます。　　　　　　ヒント：【法則3】（와요.）

쏘다

_____

14 変える → 変えます。　　　　　ヒント：【法則3】（싸워요.）

바꾸다

_____

15 習う → 習います。　　　　　　ヒント：【法則3】（싸워요.）

배우다

_____

16 飲む → 飲みます。　　　　　　ヒント：【法則3】（보여요.）

마시다

_____

17 待つ → 待ちます。　　　　　　ヒント：【法則3】（보여요.）

기다리다

_____

18 うまくいかない → うまくいきません。ヒント：【法則4】（잘돼요.）

안되다

_____

19 お目にかかる → お目にかかります。ヒント：【法則4】（잘돼요.）

뵈다

_____

20 浴びる → 浴びます。　　　　　ヒント：【法則4】（잘돼요.）

쐬다

_____

21 運動する → 運動します。　　　ヒント：【法則5】（공부해요.）

운동하다

_____

22 必要だ → 必要です。　　　　　ヒント：【法則5】（공부해요.）

필요하다

_____

23 重要だ → 重要です。　　　　　ヒント：【法則5】（공부해요.）

중요하다

_____

24 料理する → 料理します。　　　ヒント：【法則5】（공부해요.）

요리하다

_____

イラストを見て、音声の問いに答えてください。「はい」か「いいえ」は、カッコの中に指定された通りです。動詞・形容詞は63、64ページに登場したものを使っています。

※解答は音声でも聞くことができます。(TRACK46)

TRACK
45

ノーマル

1 スカートが長いですか?

〔네〕

✏️ 네, 길어요.

2 リンゴが安いですか?

〔아니요〕

1万円

3 友人を待ちますか?

〔네〕

第3章 動詞・形容詞の肯定・疑問・否定文

単語帳

치마	사과	친구
（スカート）	（リンゴ）	（友人）

4 帽子が必要ですか？ 〔네〕

_____

5 ジュースを飲みますか？ 〔네〕

_____

6 靴が小さいですか？ 〔아니요〕

_____

単語帳

모자	주스	구두
（帽子）	（ジュース）	（靴）

練習問題 9 と同じですが、質問と回答の間隔が短くなっています。慣れてきたらこちらでテンポよく答える練習もしてみてください。

TRACK
47
スピードアップ

動詞・形容詞のかしこまった肯定文と疑問文

さて、それでは最後にいつも通り、かしこまった表現のほうも勉強していきましょう。やわらかい表現では9個ものパターンを勉強しましたが、かしこまった表現は、わずか2パターンで解決します。本当はこちらから勉強するほうがよっぽど簡単なんですよね。覚えていただくのは、たったこれだけです。

● かしこまった表現の肯定文

ムニダ
ㅂ니다.

スムニダ
습니다.

● かしこまった表現の疑問文

ムニッカ
ㅂ니까?

スムニッカ
습니까?

使い分けも本当に簡単です。語幹の最後が母音で終われば（パッチムがなければ）「ㅂ니다.」「ㅂ니까?」を使い、子音で終われば（パッチムがあれば）「습니다.」「습니까?」を使います。
具体的にはこんな感じです。

● 語幹の最後の文字が母音で終わる場合

カダ
가다
（行く）
➡
カムニダ
갑니다.
（行きます。）
カムニッカ
갑니까?
（行きますか?）

● 語幹の最後の文字が子音で終わる場合

モクタ
먹다
（食べる）
➡
モクスムニダ
먹습니다.
（食べます。）
モクスムニッカ
먹습니까?
（食べますか?）

パッチム「ㄹ」で終わる場合

しかし、ひとつだけ例外があります。2パターンと言ったくせに、3パターン目が出てきてしまって恐縮ですが、本当にイレギュラーなので特別扱いとしてご理解ください。

語幹の最後の文字がパッチム「ㄹ」で終わる単語だけは、次のように変化します。

サルダ
살다
（住む）

➡

サムニダ
삽니다.
（住みます。）

パッチムの「ㄹ」が落ち、「ㅂ니다.」がつくという形です。動詞・形容詞のかしこまった表現を作る3パターン目として、これだけは頭に入れておいていただければと思います。

同様に疑問文においても同じ形で変化します。

サルダ
살다
（住む）

➡

サムニッカ
삽니까?
（住みますか？）

やわらかい表現のときは「괜찮아요」と同じ【法則1】。
「ㄹ」が落ちることはなく「살아요」となります。

練習問題 ⑩ 第3章で勉強してきた単語を、かしこまった表現の肯定文にしてくだ
解答は P.076 ▷ さい。

1 大丈夫だ
괜찮다

大丈夫です。
✎ 괜찮습니다.
_____

2 食べる
먹다

食べます。
_____

3 行く
가다

行きます。
_____

4 立つ
서다

立ちます。
_____

5 来る
오다

来ます。
_____

6 戦う
싸우다

戦います。
_____

7 見える
보이다

見えます。
_____

8 うまくいく
잘되다

うまくいきます。
_____

9 勉強する
공부하다

勉強します。
_____

パターンが微妙に偏ってしまいましたが、難しく考えずシンプルに
考えて、進めてください。

練習問題 ⑪ 解答は P.076 第3章で勉強してきた単語を、かしこまった表現の疑問文にしてください。

1 つかむ
잡다

つかみますか？
🖊 잡습니까？

2 泣く
울다

泣きますか？

3 長い
길다

長いですか？

4 会う
만나다

会いますか？

5 渡る
건너다

渡りますか？

6 安い
싸다

安いですか？

7 見る
보다

見ますか？

8 習う
배우다

習いますか？

9 運動する
운동하다

運動しますか？

10 必要だ
필요하다

必要ですか？

こちらにはパッチム「ㄹ」の単語が混ざっています。
その変化にだけ注意をしてください。

動詞・形容詞のかしこまった否定文

最後はかしこまった否定文の登場です。やわらかい表現の場合は「안」をつけて否定文としました。かしこまった否定文においても、同じように使うことができきます。

● 通常の動詞・形容詞

モクタ
먹다
(食べる)

→

アン　　モクスムニダ
안 먹습니다.
(食べません。)

●「名詞＋하다」動詞

コンブハダ
공부하다
(勉強する)

→

コンブ　　アナムニダ
공부 안 합니다.
(勉強しません。)

かしこまった肯定文が作れれば、何も問題はないかと思います。やわらかい表現と同様に「名詞＋하다」動詞の場合だけは分割されるので注意が必要です。

練習問題 ⑫　第3章で勉強してきた単語を、かしこまった表現の否定文にしてください。
解答は P.076

1	小さい 작다	小さくありません。 ✎ 안 작습니다.
2	飲む 마시다	飲みません。
3	浴びる 쐬다	浴びません。
4	料理する 요리하다	料理しません。
5	運転する 운전하다	運転しません。

前置否定文と後置否定文

そして、もうひとつ。否定文には別の表現もあります。前に「안」をつける否定文は「前置否定文」と呼ぶのですが、これから紹介するのは「後置否定文」と呼ぶもので、その名の通り、単語の後ろで否定する表現方法です。後置否定文はややかたい表現になるため、会話でも使われますが、主に文章で使われることが多いです。通常の会話では前置否定文を多く使います。

やわらかい表現の後置否定文

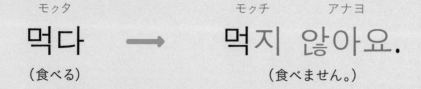

　　モクタ　　　　　　　　　　　　　　　　モクチ　　アナヨ

먹다　⟶　먹지 않아요.

（食べる）　　　　　　　　　　　（食べません。）

かしこまった表現の後置否定文

　　モクタ　　　　　　　　　　　　　　　　モクチ　　アンスムニダ

먹다　⟶　먹지 않습니다.

（食べる）　　　　　　　　　　　（食べません。）

文法を公式のようにまとめるとこんな感じです。

動詞・形容詞の語幹＋지 않다.

そして、否定を意味する「않다」は通常の動詞・形容詞と同じように活用します。やわらかい表現では「괜찮다」と同じく【法則1】に該当する単語なので、「않아요.」となり、かしこまった表現では語幹の最後の文字が子音で終わる（パッチムのある）文字なので「않습니다.」となります。

やわらかい表現、かしこまった表現とそれぞれ違って大変ですが、急がず、あせらず、ゆっくりゆっくり勉強してください。

なお、語幹の最後の文字がパッチム「ㄹ」で終わる動詞・形容詞や、「名詞＋하다」動詞の場合も、すべて同じ形で否定文を作ります。混同しないように注意してください。

サルダ
살다
（住む）

→

サルジ　　アンスムニダ
살지 않습니다.
（住みません。）

コンブハダ
공부하다
（勉強する）

→

コンブハジ　　アンスムニダ
공부하지 않습니다.
（勉強しません。）

また、40ページで少し紹介をしたように、動詞・形容詞だけでなく存在詞においても同じ形が使えます。

イッタ
있다
（ある、いる）

→

イッチ　　アンスムニダ
있지 않습니다.
（ありはしません、いはしません。）

オプタ
없다
（ない、いない）

→

オプチ　　アンスムニダ
없지 않습니다.
（なくはありません、いなくはありません。）

同様に42ページで勉強した、存在詞の敬語表現においても同じ形で否定文を作れます。

ケシダ
계시다
（いらっしゃる）

→

ケシジ　　アンスムニダ
계시지 않습니다.
（いらっしゃいません。）

ごちゃごちゃといろいろ書きましたが、要はみんな同じ形で作れるということです。

練習問題 ⑬ **解答は P.077** 71ページで否定文に直した単語を、今度はかしこまった表現の後置 否定文の形にしてください。

1 小さい
作다

小さくありません。
✏ 작지 않습니다.

2 飲む
마시다

飲みません。

3 浴びる
쐬다

浴びません。

4 料理する
요리하다

料理しません。

5 運転する
운전하다

運転しません。

C O L U M N

　長くなったので、追加の話をコラム形式で書きたいと思います。これまでは肯定文の疑問文しか勉強しませんでしたが、実は否定文の疑問文というのも存在します。日本語で言うなら「〜しませんか?」という表現ですね。例えば「食べますか?」という表現を、「食べませんか?」と言うのと同じです。意味的にはほとんど同じなのですが、相手に与える印象が少しやわらかくなるのが特徴です。

　あえてしっかりと紹介しないのは、形式がほとんど同じだからです。やわらかい表現の場合は、同じ形でピリオドをクエスチョンマークにするだけ。かしこまった表現の場合は「습니다.」を「습니까?」にかえるだけ。つまり、前置否定文なら「안 먹어요?」「안 먹습니까?」、後置否定文なら「먹지 않아요?」「먹지 않습니까?」となります。

　理屈としてはさほど難しくないので、これも頭の片隅に入れておいてください。否定文の疑問文というのも存在します。

練習問題 ①

TRACK **37**
ノーマル スピードアップ

イラストのセリフに書かれた通りに
読んでください。

練習問題 ②

❶ 네, 괜찮아요.

❷ 네, 먹어요.

❸ 네, 가요.

❹ 네, 서요.

❺ 네, 와요.

❻ 네, 싸워요.

❼ 네, 보여요.

❽ 네, 잘돼요.

❾ 네, 공부해요.

練習問題 ③

❶ 아니요, 안 괜찮아요.

❷ 아니요, 안 먹어요.

❸ 아니요, 안 가요.

❹ 아니요, 안 서요.

❺ 아니요, 안 와요.

❻ 아니요, 안 싸워요.

❼ 아니요, 안 보여요.

❽ 아니요, 안돼요.

❾ 아니요, 공부 안 해요.

練習問題 ④

TRACK **40**
ノーマル スピードアップ

❶ 아니요, 안 괜찮아요. (괜찮아요?)

❷ 네, 먹어요. (먹어요?)

❸ 네, 가요. (가요?)

❹ 아니요, 안 서요. (서요?)

❺ 네, 와요. (와요?)

❻ 아니요, 안 싸워요. (싸워요?)

❼ 네, 보여요. (보여요?)

❽ 아니요, 안돼요. (잘돼요?)

❾ 네, 공부해요. (공부해요?)

練習問題 ⑤

TRACK **43**
ノーマル スピードアップ

❶ 네, 괜찮아요. (괜찮아요?)

❷ 아니요, 안 먹어요. (먹어요?)

❸ 아니요, 안 가요. (가요?)

❹ 네, 서요. (서요?)

❺ 아니요, 안 와요. (와요?)

❻ 네, 싸워요. (싸워요?)

❼ 아니요, 안 보여요. (보여요?)

❽ 네, 잘돼요. (잘돼요?)

❾ 아니요, 공부 안 해요. (공부해요?)

練習問題 ⑥

❶ 먹

❷ 가

❸ 서

練習問題 ⑦

❶ 운동 안 해요.

❷ 요리 안 해요.

❸ 운전 안 해요.

練習問題 ⑧

① 잡아요.

② 작아요.

③ 울어요.

④ 길어요.

⑤ 만나요.

⑥ 싸요.

⑦ 건너요.

⑧ 나서요.

⑨ 세요.

⑩ 내요.

⑪ 켜요.

⑫ 봐요.

⑬ 쏴요.

⑭ 바꿔요.

⑮ 배워요.

⑯ 마셔요.

⑰ 기다려요.

⑱ 안돼요.

⑲ 봬요.

⑳ 쐐요.

㉑ 운동해요.

㉒ 필요해요.

㉓ 중요해요.

㉔ 요리해요.

練習問題 ⑨

TRACK 46   ノーマル スピードアップ

① 네, 길어요. (치마가 길어요?)

② 아니요, 안 싸요. (사과가 싸요?)

③ 네, 기다려요. (친구를 기다려요?)

④ 네, 필요해요. (모자가 필요해요?)

⑤ 네, 마셔요. (주스를 마셔요?)

⑥ 아니요, 안 작아요. (구두가 작아요?)

ペラペラ COLUMN ―Vol.4―

練習問題 ⑩

① 괜찮습니다.

② 먹습니다.

③ 갑니다.

④ 섭니다.

⑤ 옵니다.

⑥ 싸웁니다.

⑦ 보입니다.

⑧ 잘됩니다.

⑨ 공부합니다.

練習問題 ⑪

① 잡습니까?

② 웁니까?

③ 깁니까?

④ 만납니까?

⑤ 건넙니까?

⑥ 쌉니까?

⑦ 봅니까?

⑧ 배웁니까?

⑨ 운동합니까?

⑩ 필요합니까?

練習問題 ⑫

① 안 작습니다.

❷ 안 마십니다.

❸ 안 씁니다.

❹ 요리 안 합니다.

❺ 운전 안 합니다.

練習問題 **⓭**

❶ 작지 않습니다.

❷ 마시지 않습니다.

❸ 쓰지 않습니다.

❹ 요리하지 않습니다.

❺ 운전하지 않습니다.

フクフク

흑흑

☆韓国語で泣きます。

トゥグンドゥグン

두근두근

☆韓国語でドキドキします。

第 4 章

4

イレギュラーをモノにしよう！

～ 不規則に変化する単語 ～

1 単語のイレギュラーな変化

　みなさん、第3章の9パターンはしっかりマスターできましたでしょうか。今後もたくさんの単語に出合うことと思いますが、変化に悩んだときは似た形の単語を思い浮かべ、これまでのパターンに当てはめてみてください。

　その上で、ここからの章はせっかく覚えた9パターンに含まれないイレギュラーな変化を紹介したいと思います。

　そろそろ後半戦に入って疲れが見え始めてきたみなさまから、

　「ええ〜、まだあるの！？」

とため息が聞こえてきそうですが、筆者のほうも頑張って覚えやすくまとめますので、どうかよろしくお付き合いください。（頑張れ！　あともう少しだぞ、みんな！）

　では、みなさん。今度はこの単語を変化させたいと思います。

チュプタ

춥다

（寒い）

➡

？？？

（寒いです）

　これまでのやり方だと「춥다」の語幹「춥」はパッチムがあり、母音が陰母音なので、【法則1】から「춥어요」としたくなるところですが、この「춥다」という単語はイレギュラーな変化をする決まりがあります。そして、そのイレギュラーな変化のことを「不規則活用」などとも呼びます。

　不規則なんて聞いてしまうと、いかにも複雑そうですが、これまでの法則と比べてイレギュラーなだけで、仕組み自体はきれいにまとまっています。ひとつの例を覚えれば、似た単語にも応用できますので、第3章と同じく、パターンを先に覚える作戦が有効です。ということで、今回も説明なしにいきなり練習問題！

練習問題①　次の❶〜❻のイラストをよく目に焼き付け、音声の問いに答えて
解答は P.096　ください。音声は左側のイラストに書かれた疑問文を2回読みます。1回目は右上の肯定文で、2回目は右下の否定文で答えてください。
　　　　　　※解答は音声でも聞くことができます。（TRACK49）

TRACK 48 ノーマル

練習問題①と同じですが、質問と回答の間隔が短くなっています。慣れてきたら、こちらでテンポよく答える練習もしてみてください。

TRACK 50 スピードアップ

1 エアコンの適切な温度設定を探るひと言

ネ　チュウォヨ
네, 추워요.
（はい、寒いです。）

27℃

チュウォヨ
추워요?
（寒いですか？）

アニヨ
아니요,
アン　チュウォヨ
안 추워요.
（いいえ、寒くありません。）

2 疲労とお金のどちらが大切か問うひと言

コロヨ
걸어요?
（歩きますか？）

ネ　コロヨ
네, 걸어요.
（はい、歩きます。）

10km先

TAXI

アニヨ
아니요,
アン　ゴロヨ
안 걸어요.
（いいえ、歩きません。）

5 仕事を押しつけるときのもってまわったひと言

6 スタート地点で心理戦を繰り広げるときのひと言

1 寒いですか?
추워요?

はい、寒いです。

✎ 네, 추워요.

いいえ、寒くありません。

아니요, 안 추워요.

2 歩きますか?
걸어요?

はい、歩きます。

_____

いいえ、歩きません。

_____

3 治りますか?
나아요?

はい、治ります。

_____

いいえ、治りません。

_____

4 そうですか?
그래요?

はい、そうです。

_____

いいえ、そうではありません。

_____

5 忙しいですか?
바빠요?

はい、忙しいです。

_____

いいえ、忙しくありません。

_____

6 速いですか?
빨라요?

はい、速いです。

_____

いいえ、速くありません。

_____

練習問題 ③ ❶から❻までの質問を読み上げます。イラストを見て、ふさわ しいほうの形式で答えてください。
解答は P.096 ※解答は音声でも聞くことができます。（TRACK52）

1 寒いですか？

2 歩きますか？

3 治りますか？

4 そうですか？

5 忙しいですか？

6 速いですか？

練習問題 ③ と同じですが、質問と回答の間隔が短くなっています。慣れてき たら、こちらでテンポよく答える練習もしてみてください。

練習問題④ ❶から❻までの質問を読み上げます。イラストを見て、ふさわしいほうの形式で答えてください。

解答は P.096

※解答は音声でも聞くことができます。(TRACK55)

TRACK
54)))
ノーマル

1 寒いですか？

2 歩きますか？

3 治りますか？

4 そうですか？

5 忙しいですか？

6 速いですか？

練習問題④ と同じですが、質問と回答の間隔が短くなっています。慣れてきたら、こちらでテンポよく答える練習もしてみてください。

TRACK
56)))
スピードアップ

2 不規則な変化の法則をマスターしよう!

それでは、法則の部分を紹介していきましょう。第3章では9パターンでしたが、今回はぐっと減って6つだけ。ここまで頑張ってきたみなさんであれば楽勝ですよね。勢いに乗って不規則な変化の法則もマスターしちゃうこととしましょう。

まずは動詞・形容詞の基本形と、イラストの右上にあった「はい」で答える形の文章(肯定文)をまとめました。どうですか?なんか、すっごく違う!って感じがしませんか?さすが「不規則」というだけあって、ずいぶんと複雑な変化をしています。

まずは、じっくり眺めて、その不思議な変化に十分困惑した上で、次のページからの法則のまとめに進んでください。

基本形		やわらかい表現の肯定文
チュプタ **춥다** (寒い)	→	チュウォヨ **추워요.** (寒いです。)
コッタ **걷다** (歩く)	→	コロヨ **걸어요.** (歩きます。)
ナッタ **낫다** (治る)	→	ナアヨ **나아요.** (治ります。)
クロタ **그렇다** (そうだ)	→	クレヨ **그래요.** (そうです。)
パップダ **바쁘다** (忙しい)	→	パッパヨ **바빠요.** (忙しいです。)
ッパルダ **빠르다** (速い)	→	ッパルラヨ **빨라요.** (速いです。)

【　　不規則な変化の法則 1 「ㅂ（ピウプ）」編　　】

　語幹の最後の文字がパッチム「ㅂ」で終わるとき、不規則な変化をする単語は、「ㅂ」を抜いて、「워요」をつける。

　パッチムの「ㅂ」を抜き、語幹の最後の文字が陽母音でも、陰母音でも、後ろに「워요」をつけます。（例外的に「와요」がつく単語もありますが、いずれ出てきたら覚えましょう。）

その他の単語例

【　　不規則な変化の法則 2 「ㄷ（ティグッ）」編　　】

　語幹の最後の文字がパッチム「ㄷ」で終わるとき、不規則な変化をする単語は、「ㄷ」が「ㄹ」に変わって、「아요／어요」をつける。

　数は多くありませんが、歩く、聞くなどの基本単語が多いのでしっかり覚えましょう。語幹の最後の文字が陽母音の場合は「아요」、陰母音の場合は「어요」がつきます。

その他の単語例

【 　不規則な変化の法則3　「ㅅ（シオッ）」編　 】

語幹の最後の文字がパッチム「ㅅ」で終わるとき、不規則な変化をする単語は、「ㅅ」を抜いて、「아요／어요」をつける。

ナッタ
낫다
（治る）

➡

ナアヨ
나아요.
（治ります。）

　初級ではまだそこまで重要ではありません。語幹の最後の文字が陽母音の場合は「아요」、陰母音の場合は「어요」がつきます。「나아요」から縮約して「나요」にはなりません。

その他の単語例

チョッタ
젓다
（混ぜる）

➡

チョオヨ
저어요.
（混ぜます。）

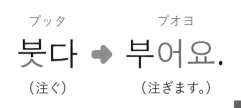

プッタ
붓다
（注ぐ）

➡

プオヨ
부어요.
（注ぎます。）

【 　不規則な変化の法則4　「ㅎ（ヒウッ）」編　 】

語幹の最後の文字がパッチム「ㅎ」で終わるとき、不規則な変化をする単語は、「ㅎ」と母音を抜いて、「ㅐ요」をつける。

クロタ
그렇다
（そうだ）

➡

クレヨ
그래요.
（そうです。）

　法則として覚えるよりも、会話でよく使う「그래요」や、下の「어때요」を丸ごと覚えましょう。例外の変化もありますが、いずれ必要になったら覚えればいいです。

その他の単語例

オットタ
어떻다
（どうだ）

➡

オッテヨ
어때요.
（どうです。）

ッパルガタ
빨갛다
（赤い）

➡

ッパルゲヨ
빨개요.
（赤いです。）

　語幹の最後の文字にパッチムがなく、母音が「ㅡ」のとき、不規則な変化をする単語は、母音の「ㅡ」を抜いて、「ㅏ요／ㅓ요」をつける。

パップダ
바쁘다
（忙しい）

➡

パッパヨ
바빠요.
（忙しいです。）

　よく出てくるので覚えてください。母音「ㅡ」のひとつ前の文字が陽母音の場合は「ㅏ요」、陰母音の場合と、語幹が1文字だけの場合は「ㅓ요」がつきます。

その他の単語例

イェップダ
예쁘다
（かわいい）
➡
イェッポヨ
예뻐요.
（かわいいです。）

クダ
크다
（大きい）
➡
コヨ
커요.
（大きいです。）

　語幹の最後の文字が「르」のとき、不規則な変化をする単語は、「르」のひとつ前の文字にパッチム「ㄹ」が加わり、「르」を抜いて「라요／러요」をつける。

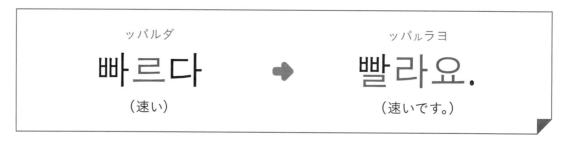

ッパルダ
빠르다
（速い）

➡

ッパルラヨ
빨라요.
（速いです。）

　法則よりも、初級段階からよく使う「빨라요.」や、下の「몰라요.」を丸ごと覚えましょう。「르」のひとつ前の文字が陽母音の場合は「라요」、陰母音の場合は「러요」がつきます。

その他の単語例

モルダ
모르다
（わからない）
➡
モルラヨ
몰라요.
（わかりません。）

プルダ
부르다
（呼ぶ）
➡
プルロヨ
불러요.
（呼びます。）

練習問題 ⑤ 次の単語をやわらかい表現の肯定文にしてください。ヒントには、該当する 6 パターンの例文（陰母音の場合はその他の単語例）を記載してあります。

解答は P.096

1 辛い → 辛いです。
맵다

ヒント：【法則 1】（추워요）

✎ 매워요.

2 易しい → 易しいです。
쉽다

ヒント：【法則 1】（추워요）

3 噛む → 噛みます。
묻다

ヒント：【法則 2】（걸어요）

4 載せる → 載せます。
싣다

ヒント：【法則 2】（걸어요）

5 よい → よいです。
낫다

ヒント：【法則 3】（나아요）※陽母音

6 建てる → 建てます。
짓다

ヒント：【法則 3】（저어요）※陰母音

7 こうだ → こうです。
이렇다

ヒント：【法則 4】（그래요）

8 黒い → 黒いです。
까맣다

ヒント：【法則 4】（그래요）

9 痛い → 痛いです。
아프다

ヒント：【法則 5】（바빠요）※陽母音

10 悲しい → 悲しいです。
슬프다

ヒント：【法則 5】（예뻐요）※陰母音

11 違う → 違います。
다르다

ヒント：【法則 6】（빨라요）※陽母音

12 流れる → 流れます。
흐르다

ヒント：【法則 6】（볼러요）※陰母音

次のイラストを見て、質問に答えてください。「はい」か「いいえ」は、カッコの中に指定された通りです。動詞・形容詞は前ページに登場したものを使っています。
※解答は音声でも聞くことができます。(TRACK58)

  TRACK 57 ノーマル

1 チゲが辛いですか？

〔네〕

✏ 네, 매워요.

2 人を噛みますか？

〔아니요〕

3 家を建てますか？

〔네〕

単語帳

찌개	사람	집
(チゲ)	(人)	(家)

4 尻尾は黒いですか？　〔아니요〕

---

5 歯が痛いですか？　〔네〕

---

6 大きさが違いますか？　〔네〕

単語帳

꼬리	이	크기
（尻尾）	（歯）	（大きさ）

練習問題 **6** と同じですが、質問と回答の間隔が短くなっています。慣れてきたら、こちらでテンポよく答える練習もしてみてください。

TRACK **59**))
スピードアップ

不規則な変化の補足

　6つの不規則な変化の法則はいかがでしたでしょうか。感覚としてなんとなくつかめた人も、まだまだ消化途中の人も、今の段階でカンペキを追い求める必要はありません。というより、カンペキになりようがないんですね。不規則な変化については、まだまだ覚えるべきことが多いですし、ここでは紹介しなかった変化もあるので、今後もゆっくりお付き合いいただくのがよいと思います。

　その上で、これだけは絶対覚えてほしいという補足をここでは紹介します。まず、次の単語を見てください。

チャプタ
잡다
（つかむ）

チャバヨ
잡아요.
（つかみます。）

　あれあれあれ？　なにかおかしなことになりましたよ。語幹の最後の文字がパッチム「ㅂ」のときは、【不規則な変化の法則1】により、「パッチム「ㅂ」を抜いて、「워요」をつける」のではなかったですか？

　と、みなさんが思ってくださったら、これまでの理解は十分ということです。特に疑問を感じなかった人は、88ページまで戻ってやり直してください。

　あるいはきちんと疑問を感じた人も、57ページに戻って確認してみるといいかもしれません。実はこれ、変化の形が不規則ではない【法則1】と同じなんです。「괜찮아요.（大丈夫です。）」のように、語幹の最後の文字にパッチムがあり、母音が陽母音なので、「아요」をつける形です。

　ということで、次の重要なポイントをぜひ覚えてください。

不規則な変化をする単語は決まったものだけ。

　同じような形でも全部が全部、不規則に変化をするわけではないんです。この単語は不規則な変化をするよ、と決まったものだけに不規則な変化の法則が適用

されます。なので、最終的にはどの単語が不規則な変化をするのかを覚えなければなりませんが、その多くは学習の過程で、「추워요.（寒いです。）」のようなよく使うフレーズとして頭に入ります。

　どの単語が不規則な変化をするかを丸暗記するよりは、仕組みを理解しながら、口に馴染んだフレーズを増やしていくのがいちばんの近道です。

第 **4** 章 【 練習問題 解答 】

練習問題 ①
TRACK 49 ノーマル スピードアップ

イラストのセリフに書かれた通りに
読んでください。

練習問題 ②

❶ 네, 추워요. / 아니요, 안 추워요.

❷ 네, 걸어요. / 아니요, 안 걸어요.

❸ 네, 나아요. / 아니요, 안 나아요.

❹ 네, 그래요. / 아니요, 안 그래요.

❺ 네, 바빠요. / 아니요, 안 바빠요.

❻ 네, 빨라요. / 아니요, 안 빨라요.

練習問題 ③
TRACK 52 ノーマル スピードアップ

❶ 아니요, 안 추워요. (추워요?)

❷ 네, 걸어요. (걸어요?)

❸ 네, 나아요. (나아요?)

❹ 네, 그래요. (그래요?)

❺ 아니요, 안 바빠요. (바빠요?)

❻ 아니요, 안 빨라요. (빨라요?)

練習問題 ④
TRACK 55 ノーマル スピードアップ

❶ 네, 추워요. (추워요?)

❷ 아니요, 안 걸어요. (걸어요?)

❸ 아니요, 안 나아요. (나아요?)

❹ 아니요, 안 그래요. (그래요?)

❺ 네, 바빠요. (바빠요?)

❻ 네, 빨라요. (빨라요?)

練習問題 ⑤

❶ 매워요.

❷ 쉬워요.

❸ 묻어요.

❹ 싫어요.

❺ 나아요.

❻ 지어요.

❼ 이래요.

❽ 까매요.

❾ 아파요.

❿ 슬퍼요.

⓫ 달라요.

⓬ 흘러요.

練習問題 ⑥
TRACK 58 ノーマル スピードアップ

❶ 네, 매워요. (매워요?)

❷ 아니요, 안 물어요. (물어요?)

❸ 네, 지어요. (지어요?)

❹ 아니요, 안 까매요. (까매요?)

❺ 네, 아파요. (아파요?)

❻ 네, 달라요. (달라요?)

第 5 章

会話でどんどん**質問**しちゃおう！

〜 疑問詞を覚える 〜

① よく使う疑問詞

　さあ、いよいよ最後の章です。名詞・存在詞・動詞・形容詞と勉強してきて、最後の章では疑問詞の勉強をしたいと思います。いつ、どこで、誰が、何を、といった感じの言葉ですね。これを覚えることによって相手との会話がより具体的になります。これまでの会話は相手から聞かれたことを理解し、ほぼそのまま返していくのが大半でしたが、疑問詞を習得することでさらに踏み込んだ会話を楽しむことができます。

　まずは、この章で勉強する疑問詞を眺めてみましょう。よく使う疑問詞のいくつかを紹介いたします。

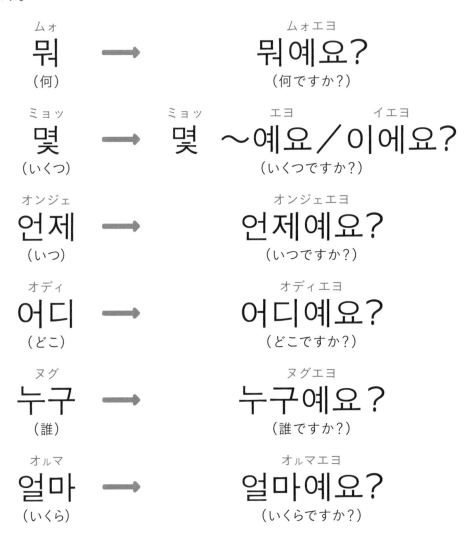

ムォ
뭐
（何）
→
ムォエヨ
뭐예요?
（何ですか?）

ミョッ
몇
（いくつ）
→
ミョッ　エヨ　　イエヨ
몇 〜예요／이에요?
（いくつですか?）

オンジェ
언제
（いつ）
→
オンジェエヨ
언제예요?
（いつですか?）

オディ
어디
（どこ）
→
オディエヨ
어디예요?
（どこですか?）

ヌグ
누구
（誰）
→
ヌグエヨ
누구예요?
（誰ですか?）

オルマ
얼마
（いくら）
→
オルマエヨ
얼마예요?
（いくらですか?）

他にも疑問詞はありますが、とりあえずよく使うものを集めました。
丸ごと覚えておくと、問いかけるときに役立ちます。

何ですか？

さて、最初の疑問詞から勉強していきましょう。前ページのいちばん上の「何ですか？」という言い方を、まずマスターしてください。韓国に行って何やら見慣れないものを見つけたときや、相手に対して基礎的なことを質問したい場合によく使います。

ムォ

뭐

（何）

➡

ムォエヨ

뭐예요?

（何ですか？）

本来、「뭐」は縮約形であり、正しくは「무엇」なのですが、会話では「뭐」のほうがよく登場するのでこちらを紹介しました。かしこまった表現では「무엇입니까？」とも言いますが、まずはよく使う縮約形から覚えてください。

例えば、こんな形で使います。

イルミ　　　　ムォエヨ

이름이 뭐예요?

（名前は何ですか？）

チゴビ　　　　ムォエヨ

직업이 뭐예요?

（職業は何ですか？）

チュィミガ　　　ムォエヨ

취미가 뭐예요?

（趣味は何ですか？）

実際に名前を尋ねるときは、上記だと直球すぎるので、「성함이 어떻게 되세요? （お名前は何とおっしゃいますか？）」と尋ねるのがベターです。

単語の補足をすると、「이름（名前）」「직업（職業）」「취미（趣味）」を意味します。その後に助詞の「가／이」が入っています。

　さて、大事なのはこの問いかけに対する答えですが、あらかたの場合は「〜です」という形になるかと思います。

　例えばこんな形。第1章で勉強した文章がそのまま使えます。

Q：이게 뭐예요?　　　（これは何ですか？）

A1：토마토예요.　　　（トマトです。）

A2：레몬이에요.　　　（レモンです。）

練習問題①　上の例文と下の単語帳を参考にしつつ、次の質問にやわらかい表現の肯定文で答え
解答は P.112　　てください。

1 名前は何ですか？　　　　　（自分の名前）

이름이 뭐예요?

2 職業は何ですか？　　　　　（自分の職業）

직업이 뭐예요?

3 趣味は何ですか？　　　　　（自分の趣味）

취미가 뭐예요?

単語帳1

学생 (学生)、대학원생 (大学院生)、회사원 (会社員)、공무원 (公務員)、자영업자 (自営業)、선생님 (先生)、주부 (主婦・主夫)、은행원 (銀行員)、변호사 (弁護士)、의사 (医者)、간호사 (看護士)、경찰관 (警察官)、작가 (作家)、백수 (無職、プータロー)

単語帳2

여행 (旅行)、낚시 (釣り)、독서 (読書)、음악감상 (音楽鑑賞)、드라마 감상 (ドラマ鑑賞)、영화감상 (映画鑑賞)、게임 (ゲーム)、등산 (登山)、요리 (料理)、스포츠 (スポーツ)、야구 (野球)、축구 (サッカー)、경마 (競馬)、수영 (水泳)、장기 (将棋)、바둑 (囲碁)

【 いくつですか? 】

もろもろの数量を問いかける疑問詞です。「〜」となっているところに単位が入り、尋ねたいことが明確になります。何歳ですか？何時ですか？の「歳」や「時」に該当する単語ですね。これを覚えるとずいぶん多くの質問ができます。

ミョッ
몇 ➡ ミョッ　エヨ　　　イエヨ
몇 〜예요／이에요?
（いくつ）　　　　　　　　（いくつですか?）

注意すべきは「〜」に入る単位も名詞だということ。その名詞が母音（パッチムのない文字）で終わる単語であれば「몇 〜예요?」という形に、子音（パッチムのある文字）で終わる単語であれば「몇 〜이에요?」という形になります。代表的な使い方としては以下のような感じです。

ミョッ　　サリエヨ
몇 살이에요?
（何歳ですか?）

ミョッ　　シエヨ
몇 시예요?
（何時ですか?）

ミョッ　　ケエヨ
몇 개예요?
（何個ですか?）

単語はそれぞれ「살（歳）」「시（時）」「개（個）」を意味します。

年齢の尋ね方も上記は直球すぎるので、「연세가 어떻게 되세요?（お年はおいくつでいらっしゃいますか?）」と尋ねるのがベターです。

第5章　疑問詞を覚える

この質問に対しては、たいていの回答が数字になります。いっぺんに覚えるのは難しいですが、少しずつ覚えていってください。年齢の場合は自分や家族の年齢だけをまず覚えてしまうほうが効率的です。

また、韓国語では固有語の数詞と、漢字語の数詞があります。日本語で言う「イチ、ニ、サン」と、「ひとつ、ふたつ、みっつ」のような関係です。この両者はあとにくる単位によって明確に区別されるので注意してください。

数詞の一覧は次ページを参考にしてください。次のように、十の位の数字と一の位の数字はそのままくっつけてかまいません。

イシプパル	スムルリョドル	オシビ	スィンドゥル
이십팔	스물여덟	오십이	쉰둘
(28)	(28)	(52)	(52)

また固有語の数詞に限り、後ろに単位がつく場合はカッコ内の単語を使います。

ハナ
하나 → 한 개
（ひとつ） （1個）
ハン ゲ

トゥル
둘 → 두 개
（ふたつ） （2個）
トゥ ゲ

練習問題 ❷
解答は P.112

右ページの数詞の一覧を参考にしつつ、次の質問にやわらかい表現の肯定文で答えてください。算用数字でも解答できますが、ここでは固有語の数詞を使い、単位との間は分かち書きをしてください。

① 何歳ですか？
멫 살이에요?

（自分の年齢）
✏ _____

② 何時ですか？
멫 시예요?

（8時）
_____

漢字語の数詞：時間（〜分、〜秒）、日にち、電話番号など

イル	イ	サム	サ	オ
일	이	삼	사	오
(1)	(2)	(3)	(4)	(5)
ユク	チル	パル	ク	シプ
육	칠	팔	구	십
(6)	(7)	(8)	(9)	(10)
シビル	シビ	シプサム	シプサ	シボ
십일	십이	십삼	십사	십오
(11)	(12)	(13)	(14)	(15)
イシプ	サムシプ	サシプ	オシプ	ユクシプ
이십	삼십	사십	오십	육십
(20)	(30)	(40)	(50)	(60)
チルシプ	パルシプ	クシプ	ペク	チョン
칠십	팔십	구십	백	천
(70)	(80)	(90)	(100)	(1000)

固有語の数詞：時間（〜時）、人数、年齢など

ハナ（ハン）	トゥル（トゥ）	セッ（セ）	ネッ（ネ）	タソッ
하나 (한)	둘 (두)	셋 (세)	넷 (네)	다섯
(1)	(2)	(3)	(4)	(5)
ヨソッ	イルゴプ	ヨドル	アホプ	ヨル
여섯	일곱	여덟	아홉	열
(6)	(7)	(8)	(9)	(10)
ヨラナ（ヨラン）	ヨルトゥル（ヨルトゥ）	ヨルセッ（ヨルセ）	ヨルレッ（ヨルレ）	ヨルタソッ
열하나(열한)	열둘(열두)	열셋(열세)	열넷(열네)	열다섯
(11)	(12)	(13)	(14)	(15)
スムル（スム）	ソルン	マフン	スィン	イェスン
스물 (스무)	서른	마흔	쉰	예순
(20)	(30)	(40)	(50)	(60)
イルン	ヨドゥン	アフン	ペク	チョン
일흔	여든	아흔	백	천
(70)	(80)	(90)	(100)	(1000)

疑問詞の勉強をしながら、数詞も学ぼうという一石二鳥なページです。
ちなみに韓国語にも一石二鳥という言葉があり「일석이조」と書きます。

【 いつですか? 】

時間を問いかける疑問詞です。回答は年月日、曜日、時間などになります。前ページで覚えた数詞を活用しつつ、自分の誕生日や、休みの日などを言えるようにしてみましょう。

オンジェ
언제
（いつ）

オンジェエヨ
언제예요?
（いつですか?）

誕生日、休みの日の尋ね方はこんな感じです。

センイリ　　　　オンジェエヨ
생일이　언제예요?
　　（誕生日はいつですか?）

スィヌン　　ナリ　　　オンジェエヨ
쉬는　날이　언제예요?
　　（休みの日はいつですか?）

誕生日のことは韓国語で「생일」といいます。休みの日は「쉬는 날」です。日付と曜日に関する単語は、次のページにまとめてあります。参考にしつつ、練習問題に答えてみてください。

ひとつ補足ですが、誕生日には「생신」という敬語表現もあり、目上の人に尋ねる場合は「생신이 언제세요?」とするほうがベターです。「언제세요?」の「세요」も同じく敬語表現のひとつで、「예요」よりも丁寧になります。

韓国でよく使う挨拶の「안녕하세요?（こんにちは）」にも「세요」が使われていますが、これも直訳だと「安寧でいらっしゃいますか?」という敬語表現です。ここでは簡単にしか触れませんが、今後ネイティブと会話をする上で敬語表現は重要なので、少しずつ覚えていってください。

敬語表現は巻末の「今後のステップ」でも簡単にまとめました。
この本を終えてからでよいので、やる気のある方は読んでください。

練習問題 ❸　解答は P.112

練習問題 ❸ 下の日付や曜日を参考にしつつ、次の質問にやわらかい表現の肯定文で答えてください。

① 誕生日はいつですか？　　　　　　（自分の誕生日）

생일이 언제예요?

✏ _____

② 休みの日はいつですか？　　　　　（自分の休みの日）

쉬는 날이 언제예요?

_____

日付

何月の「月」は「월」と書き、何日の「日」は「일」と書きます。数字は両方とも漢字語の数詞を使ってください。ただし、通常書くときは算用数字を使用するのが普通です。6月と10月だけは数字の形が変わり、パッチムが落ちるので注意してください。

イルォル	イウォル	サムォル	サウォル
일월	이월	삼월	사월
（1月）	（2月）	（3月）	（4月）
オウォル	ユウォル	チルォル	パルォル
오월	유월	칠월	팔월
（5月）	（6月）	（7月）	（8月）
クウォル	シウォル	シビルォル	シビウォル
구월	시월	십일월	십이월
（9月）	（10月）	（11月）	（12月）

曜日

ウォリョイル	ファヨイル	スヨイル	モギョイル
월요일	화요일	수요일	목요일
（月曜日）	（火曜日）	（水曜日）	（木曜日）
クミョイル	トヨイル	イリョイル	
금요일	토요일	일요일	
（金曜日）	（土曜日）	（日曜日）	

❰ どこですか？ ❱

　場所を問いかける疑問詞です。旅行に出かけたときに使うととても便利です。ホテルの場所や、地下鉄駅、トイレなど、単語さえ知っていればすべてこのひと言で道を尋ねることができます。

オディ
어디
（どこ）

➡

オディエヨ
어디예요?
（どこですか？）

　例えば、旅行のときに便利なのはこんな感じのセリフ。せっかくなので旅行の予定がある方は丸ごと暗記して使ってみてください。なお、場所を表す名詞のあとには助詞の「가／이」が入ります。

○○ホテリ　　　　　オディエヨ
○○호텔이 어디예요?
（○○ホテルはどこですか？）

ピョニジョミ　　　　オディエヨ
편의점이 어디예요?
（コンビニはどこですか？）

クァングァンアンネソガ　　　　オディエヨ
관광안내소가 어디예요?
（観光案内所はどこですか？）

ファジャンシリ　　　　オディエヨ
화장실이 어디예요?
（トイレはどこですか？）

　道は聞けても、返ってくる答えがわからなかったりも。
　次のページで方向に関する言葉をまとめておきます。

1 家はどこですか？

（自分の家）

집이 어디예요?

✎ _____

2 故郷はどこですか？

（自分の故郷）

고향이 어디예요?

_____

単語帳

홋카이도 (北海道)、아오모리 (青森)、이와테 (岩手)、미야기 (宮城)、아키타 (秋田)、야마가타 (山形)、후쿠시마 (福島)、이바라키 (茨城)、도치기 (栃木)、군마 (群馬)、사이타마 (埼玉)、지바 (千葉)、도쿄 (東京)、가나가와 (神奈川)、니가타 (新潟)、도야마 (富山)、이시카와 (石川)、후쿠이 (福井)、야마나시 (山梨)、나가노 (長野)、기후 (岐阜)、시즈오카 (静岡)、아이치 (愛知)、미에 (三重)、시가 (滋賀)、교토 (京都)、오사카 (大阪)、효고 (兵庫)、나라 (奈良)、와카야마 (和歌山)、돗토리 (鳥取)、시마네 (島根)、오카야마 (岡山)、히로시마 (広島)、야마구치 (山口)、도쿠시마 (徳島)、가가와 (香川)、에히메 (愛媛)、고치 (高知)、후쿠오카 (福岡)、사가 (佐賀)、나가사키 (長崎)、구마모토 (熊本)、오이타 (大分)、미야자키 (宮崎)、가고시마 (鹿児島)、오키나와 (沖縄)

第5章 疑問詞を覚える

方向を示す言葉

ヨギ 여기 (ここ)	コギ 거기 (そこ)	チョギ 저기 (あそこ)	ットクパロ 똑바로 (まっすぐ)
オルンッチョク 오른쪽 (右、右側)	ウェンッチョク 왼쪽 (左、左側)	アプ 앞 (前)	トゥィ 뒤 (後ろ)
イッチョク 이쪽 (こちら)	クッチョク 그쪽 (そちら)	チョッチョク 저쪽 (あちら)	オヌッチョク 어느 쪽 (どちら)
トンッチョク 동쪽 (東、東側)	ソッチョク 서쪽 (西、西側)	ナムッチョク 남쪽 (南、南側)	プクッチョク 북쪽 (北、北側)

誰ですか？

相手が誰なのかを問いかける疑問詞です。回答は人名であったり、父、母、兄、姉、弟、妹といった家族・親族、または友達、彼氏、彼女、会社の上司といった関係性を表す言葉になります。

ヌグ
누구
（誰）

➡

ヌグエヨ
누구예요?
（誰ですか？）

ただ、通常は知らない人のことを尋ねるとき、いきなり「誰ですか」という物言いではちょっと失礼にあたります。104ページで紹介した敬語表現を使って「누구세요?（どなたですか？）」としたほうが無難です。

下記の練習問題では、「この人は誰ですか？」という例文を作りましたが、これもより実践的には「이 분이 누구세요?（この方はどなたですか？）」とするほうがベターです。「사람（人）」の敬語表現が「분（方）」になります。

そのあたりも頭の片隅に入れつつ、以下の練習問題を解いてみてください。

練習問題 ⑤ 下の単語帳を参考にしつつ、次の質問にやわらかい表現の肯定文で答えてください。
解答は P.112

1 この人は誰ですか？　　　　　　　　　　（息子）
이 사람이 누구예요?　　✎ _____

2 その人は誰ですか？　　　　　　　　　　（娘）
그 사람이 누구예요?　　　_____

3 あの人は誰ですか？　　　　　　　　　　（孫）
저 사람이 누구예요?　　　_____

単語帳

이（この）、그（その）、저（あの）、사람（人）、아들（息子）、딸（娘）、손자（孫）

量や額などを問いかける疑問詞です。いちばん使うのは買い物をする際に値段を尋ねるときですね。旅行のときは、これひとつ覚えておけば十分買い物を楽しむことができます。そして数字を覚えれば、答えを聞き取ることも可能ですね。

オルマ

얼마
（いくら）

➡

オルマエヨ

얼마예요?
（いくらですか？）

韓国での通貨単位は「원」を使います。103ページの表を参考にして、数字を組み合わせながら以下の練習問題に答えてみてください。なお、表にはありませんが、万の位は「만」となります。ただし、1万だけは「일만」とならず、「만」だけを使います。「만（1万）」「이만（2万）」「삼만（3万）」と続くのでご注意ください。

練習問題❻
解答は P.112
103ページの数詞の一覧を参考にしつつ、次の質問にやわらかい表現の肯定文で答えてください。なお、算用数字は使わず、すべてハングルで表記し、万の単位と千の単位の間、通貨単位であるウォンとの間は分かち書きしてください。

❶ いくらですか？
얼마예요?
（2400ウォン）
✏ _____

❷ いくらですか？
얼마예요?
（1万5000ウォン）
_____

❸ いくらですか？
얼마예요?
（10万ウォン）
_____

❹ いくらですか？
얼마예요?
（25万8000ウォン）
_____

練習問題 ⑦
解答は P.112 これまで勉強してきた質問の中から、「あなた」に関する質問をまとめてみました。
もう一度質問の答えを書いてみてください。

1 名前は何ですか？　　　　　　　　　　　（自分の名前）

이름이 뭐예요？

✏ _____

2 職業は何ですか？　　　　　　　　　　　（自分の職業）

직업이 뭐예요？

_____

3 趣味は何ですか？　　　　　　　　　　　（自分の趣味）

취미가 뭐예요？

_____

4 何歳ですか？　　　　　　　　　　　　　（自分の年齢）

몇 살이에요？

_____

5 誕生日はいつですか？　　　　　　　　　（自分の誕生日）

생일이 언제예요？

_____

6 休みの日はいつですか？　　　　　　　　（自分の休みの日）

쉬는 날이 언제예요？

_____

7 家はどこですか？　　　　　　　　　　　（自分の家）

집이 어디예요？

_____

8 故郷はどこですか？　　　　　　　　　　（自分の故郷）

고향이 어디예요？

_____

初対面の韓国人に尋ねられているとイメージしてください。
実際に、韓国人からよく尋ねられる質問ばかりです。

練習問題 8　前ページの❶から❽までの文章を読み上げます。書き込んだ答
解答はP.112　えを読み上げ、質問に答えてください。

※解答の例を音声でも聞くことができます。（TRACK61）

TRACK
60
ノーマル

練習問題 8　と同じですが、質問と回答の間隔が短くなっています。慣れてき
たらこちらでテンポよく答える練習もしてみてください。

TRACK
62
スピードアップ

練習問題 9　今度は質問の順番を変えてみました。練習問題⑧に慣れてし
解答はP.112　まったら、こちらも試してみてください。

※解答の例を音声でも聞くことができます。（TRACK64）

TRACK
63
ランダム

COLUMN

　ここでは扱いませんでしたが、まだまだよく使う疑問詞があります。数は限られています
ので、必要に応じて少しずつ覚えていってください。

オヌ 어느 （どの）	オヌゴッ 어느 것 （どれ）	オヌ ッチョク 어느 쪽 （どちら）
オットン 어떤 （どのような）	ムスン 무슨 （何の）	ウェ 왜 （なぜ）

練習問題 ①

例.

① 핫타 야스시예요. (八田靖史です。)

② 작가예요. (作家です。)

③ 요리예요. (料理です。)

※みなさんそれぞれの解答で答えてください。

練習問題 ②

① 例. 서른 살이에요. (30歳です。)

② 여덟 시예요.

練習問題 ③

例.

① 팔월 이일이에요.

　 or 8월 2일이에요. (8月2日です。)

② 일요일이에요. (日曜日です。)

※みなさんそれぞれの解答で答えてください。

練習問題 ④

例.

① 도쿄예요. (東京です。)

② 기후예요. (岐阜です。)

※みなさんそれぞれの解答で答えてください。

練習問題 ⑤

① 아들이에요.

② 딸이에요.

③ 손자예요.

練習問題 ⑥

① 이천사백 원이에요.

② 만 오천 원이에요.

③ 십만 원이에요.

④ 이십오만 팔천 원이에요.

練習問題 ⑦

例.

① 핫타 야스시예요. (八田靖史です。)

② 작가예요. (作家です。)

③ 요리예요. (料理です。)

④ 스물여덟 살이에요.

　　 or 28살이에요. (28歳です。(嘘))

⑤ 팔월 이일이에요. (8月2日です。)

⑥ 일요일이에요. (日曜日です。)

⑦ 도쿄예요. (東京です。)

⑧ 기후예요. (岐阜です。)

※みなさんそれぞれの解答で答えてください。

練習問題 ⑧

TRACK 61
ノーマル スピードアップ

※解答の音声は例です。

① みなさんそれぞれの解答で答えてください。
　 (이름이 뭐예요?)

② みなさんそれぞれの解答で答えてください。
　 (직업이 뭐예요?)

③ みなさんそれぞれの解答で答えてください。
　 (취미가 뭐예요?)

④ みなさんそれぞれの解答で答えてください。
　 (몇 살이에요?)

5 みなさんそれぞれの解答で答えてください。
（생일이 언제예요?）

6 みなさんそれぞれの解答で答えてください。
（쉬는 날이 언제예요?）

7 みなさんそれぞれの解答で答えてください。
（집이 어디예요?）

8 みなさんそれぞれの解答で答えてください。
（고향이 어디예요?）

練習問題 **9**  TRACK 64))) ランダム

※解答の音声は例です。

1 みなさんそれぞれの解答で答えてください。
（이름이 뭐예요?）

2 みなさんそれぞれの解答で答えてください。
（집이 어디예요?）

3 みなさんそれぞれの解答で答えてください。
（취미가 뭐예요?）

4 みなさんそれぞれの解答で答えてください。
（몇 살이에요?）

5 みなさんそれぞれの解答で答えてください。
（생일이 언제예요?）

6 みなさんそれぞれの解答で答えてください。
（직업이 뭐예요?）

7 みなさんそれぞれの解答で答えてください。
（쉬는 날이 언제예요?）

8 みなさんそれぞれの解答で答えてください。
（고향이 어디예요?）

おまけ

韓国語の基礎超速レビュー

超基礎のまとめ

　さて、みなさん。このページはおまけの章です。本来は第1章の手前に入るべき内容を、参考資料として簡潔にまとめておきました。第5章まで終えたあとに見つけてしまった人には、もう必要がないので飛ばしていただいて大丈夫です。

　この本は韓国語の会話をコンセプトとしたため、そこに特化した章の構成を組み立てました。学習の前段階として登場するべき、文字（ハングル）の読み方や、文章の組み立て方、代表的な発音変化などはメインで取り上げておりません。ハングルで書かれたごく簡単な文章を見て、それを読んで発音できるところからのスタートを想定しています。

　なので、本書を読みながら前段階となる部分を確認したり、あるいはまず復習してから始めたい人がいらしたら、このおまけを活用してみてください。

　これまで韓国語を学んだことがなく、まったく初めてという方にもわかりやすくまとめたつもりですが、もし本格的にゼロから始める場合は、まずは下記の2冊から学ぶことをおすすめします。『目からウロコのハングル練習帳　改訂版』は文字の読み方だけを重点的に学習する本。『1週間で「読める!」「書ける!」「話せる!」ハングルドリル　改訂版』は、文字の読み方から始めて、ごく基礎的な文法や、よく使う発音変化について学習する本です。

　この2冊を終えたぐらいのタイミングで本書を始めていただくと、ある部分では復習になりますし、会話の要素を中心に、さらに先の段階まで進めます。ご自身の学習進度に合わせて、それぞれを活用していただければ幸いです。

　もちろんどんなレベルであろうとも、全部揃えていただければ筆者としては大変嬉しいです。

ハングルの仕組み

さて、それではまずハングルの仕組みから勉強していきましょう。ハングルとは主に朝鮮半島で使われている文字のこと。子音と母音が結びついて、ひとつの文字を構成します。子音と母音の基本的な組み合わせ方は以下の2パターンです。

左右型では必ず左に子音、右に母音が入ります。上下型では上に子音、下に母音が入り、これがひっくり返ることはありません。

またこの2つの形の下にさらに子音が加わることもあります。

このトに入る子音をパッチムと呼び、韓国語では「下敷き」という意味を表します。日本語にはあまり見られない、子音で終わる文字もあるということに注意してください。

左右型		上下型	
가	子音「ㄱ」と母音「ㅏ」が結びついた形。「ㄱ」が「k」、「ㅏ」が「a」の音を表すので「ka」→「か」と読む。	고	子音「ㄱ」と母音「ㅗ」が結びついた形。「ㄱ」が「k」、「ㅗ」が「o」の音を表すので「ko」→「こ」と読む。
각	上の「か」に「k」の音が追加され、「kak」という音になる。格好（かっこう）の「かっ」で止める感じ。	곡	上の「こ」に「k」の音が追加され、「kok」という音になる。コックの「こっ」で止める感じ。

「k」の音を表す子音「ㄱ」ですが、母音との組み合わせによって下に払う角度が変わっています。それでも同じ文字なので気にしないでください。

子音と母音の一覧表

韓国語の基本子音は10個、基本母音は10個、これに激音と呼ばれる子音が4個、濃音と呼ばれる子音が5個、複合母音と呼ばれる母音が11個加わり、全部で19個の子音と、21個の母音が存在します。ただし、これらの組み合わせすべてが文字として使われているわけではなく、中には単語として存在しない組み合わせもあります。

基本子音		基本母音	
가	アルファベットの「k」の音。「a」と結びついて「か」の音になる。	아	日本語の「あ」と同じ。
나	アルファベットの「n」の音。「a」と結びついて「な」の音になる。	야	日本語の「や」と同じ。
다	アルファベットの「t」の音。「a」と結びついて「た」の音になる。	어	「あ」と「お」の中間音。口をカパッと大きく開いて「お」の音を出す。
라	アルファベットの「r,l」の音。「a」と結びついて「ら」の音になる。	여	「や」と「よ」の中間音。口をカパッと大きく開いて「よ」の音を出す。
마	アルファベットの「m」の音。「a」と結びついて「ま」の音になる。	오	口を前に突き出すようにして「お」の音を出す。
바	アルファベットの「p」の音。「a」と結びついて「ぱ」の音になる。	요	口を前に突き出すようにして「よ」の音を出す。
사	アルファベットの「s」の音。「a」と結びついて「さ」の音になる。	우	口を前に突き出すようにして「う」の音を出す。
아	「o」は音のない子音。「a」と結びついて「あ」の音になる。	유	口を前に突き出すようにして「ゆ」の音を出す。
자	アルファベットの「ch」の音。「a」と結びついて「ちゃ」の音になる。	으	口を真一文字にウニっと引っ張って「う」の音を出す。
하	アルファベットの「h」の音。「a」と結びついて「は」の音になる。	이	日本語の「い」と同じ。

激音		複合母音	
차	息を強く吐く「ch」の音。「チャハッ」という感じ（実際にはハッは不要）。	애	日本語の「え」と同じ。（「아」＋「이」）
카	息を強く吐く「k」の音。「カハッ」という感じ（実際にはハッは不要）。	얘	日本語の「いぇ」のように発音する。（「야」＋「이」）
타	息を強く吐く「t」の音。「タハッ」という感じ（実際にはハッは不要）。	에	日本語の「え」と同じ。（「어」＋「이」）
파	息を強く吐く「p」の音。「パハッ」という感じ（実際にはハッは不要）。	예	日本語の「いぇ」のように発音する。（「여」＋「이」）
		와	日本語の「わ」と同じ。（「오」＋「아」）
		왜	日本語の「うぇ」のように発音する。（「오」＋「애」）

濃音		複合母音	
까	息を吐かないようにして発音する「k」の音。「ッカ」という感じ。	외	日本語の「うぇ」のように発音する。（「오」＋「이」）
따	息を吐かないようにして発音する「t」の音。「ッタ」という感じ。	워	日本語の「うぉ」のように発音する。（「우」＋「어」）
빠	息を吐かないようにして発音する「p」の音。「ッパ」という感じ。	웨	日本語の「うぇ」のように発音する。（「우」＋「에」）
싸	息を吐かないようにして発音する「s」の音。「ッサ」という感じ。	위	口を前に突き出すようにして「うぃ」と発音する。（「우」＋「이」）
짜	息を吐かないようにして発音する「ch」の音。「ッチャ」という感じ。	의	口を真一文字にウニっと引っ張って「うぃ」と発音する。（「으」＋「이」）

文字としてわかりやすいように子音には母音の「ㅏ(a)」を、母音には音のない子音「ㅇ」を組み合わせてあります。

　117ページでも説明しましたが、子音と母音の組み合わせの下に、さらに子音（パッチム）が加わる場合があります。ただし、このパッチムの発音は子音通りではなく、7つの音に分類することができます。

　わかりやすく「아（あ）」と組み合わせた形で見てみましょう。

악	「あ」＋「k」の音。あっかん（圧巻）の「あっ」で止める感じ。	**안**	「あ」＋「n」の音。あんない（案内）の「あん」で止める感じ。
앋	「あ」＋「t」の音。あっとう（圧倒）の「あっ」で止める感じ。	**알**	「あ」＋「l」の音。「ある」の「る」を完全に発音せず、舌先を上アゴにつけて止める感じ。
암	「あ」＋「m」の音。あんもく（暗黙）の「あん」で止める感じ。唇を閉じた状態で発音を止める。	**압**	「あ」＋「p」の音。あっぱく（圧迫）の「あっ」で止める感じ。唇を閉じた状態で発音を止める。
앗	「あ」＋「t」の音。「앋」と同じ発音。	**앙**	「あ」＋「ng」の音。あんごう（暗号）の「あん」で止める感じ。
앚	「あ」＋「t」の音。「앋」と同じ発音。	**앜**	「あ」＋「k」の音。「악」と同じ発音。
앝	「あ」＋「t」の音。「앋」と同じ発音。	**앞**	「あ」＋「p」の音。「압」と同じ発音。
앛	「あ」＋「t」の音。「앋」と同じ発音。	**앟**	「あ」＋「t」の音。「앋」と同じ発音。
앆	「あ」＋「k」の音。「악」と同じ発音。	**았**	「あ」＋「t」の音。「앋」と同じ発音。

　種類は多いですが、発音の数は多くありません。また、多くの子音が「t」の音になっていることにも気付くかと思います。

　濃音の「ㄸ、ㅃ、ㅉ」が入っていませんが、これは単語として存在しないということです。

【　ダブルパッチム　】

　パッチムの中には子音が重なって入るものもあります。基本的にはどちらかの発音を優先して読みますが、あとに続く文字によって発音変化が生じ、両方の子音を読まねばならない場合もあります。

　また、同じ組み合わせのダブルパッチムでも、単語によって読み分ける場合があり、すべてを暗記するのは効率的な作業ではありません。こうしたダブルパッチムの単語は、よく使うもののみ、それぞれ覚えていくほうが効率的だと思います。

　ダブルパッチムを含め、発音の一覧表を以下に作っておきます。わからなくなったときに戻ってきて確認してください。丸暗記する必要はありません。

パッチムの発音一覧

k	ㄱ	ㅋ	ㄲ	ㄳ	ㄹㄱ		
n	ㄴ	ㄵ	ㄶ				
t	ㄷ	ㅅ	ㅆ	ㅈ	ㅊ	ㅌ	ㅎ
l	ㄹ	ㄹㄱ	ㄹㅂ	ㄹㅅ	ㄹㅌ	ㄹㅎ	
m	ㅁ	ㄹㅁ					
p	ㅂ	ㅍ	ㅄ	ㄹㅂ	ㄹㅍ		
ng	ㅇ						

　２箇所に登場しているダブルパッチムもありますが、これは単語によって読み方が変わるものです。.

❰ 韓国語と日本語を比較 ❱

　韓国語は日本語とよく似た特徴をたくさん持っています。共通点と相違点を比較しながら、韓国語の特徴を探ってみましょう。まずは、こんな例文を読んでみます。

ハングゴ　　　　フェファルル　　　　　コンブハシムニッカ

한국어 회화를 공부하십니까?

（韓国語会話を勉強なさいますか？）

同じ！ ＝ 漢字語がある

　日本語はひらがなと漢字を複合させて文章を作りますが、韓国語では基本的にハングルだけで文章を書きます。ですが、韓国語にも漢字語と固有語の2種類があり、ハングルで書かれた単語も漢字語であれば漢字に直すことができます。例文の中でも、「한국어 회화」と「공부」は漢字語です。

ハングゴ　　　　フェファルル　　　　　コンブハシムニッカ

韓国語 会話를 工夫하십니까?

（韓国語会話を勉強なさいますか？）

違う！ ≠ 漢字の使い方の微妙な違い

　韓国語では「工夫する」と書いて「勉強する」という意味に用い、「工夫する」という意味には使いません。同じ漢字を使う国とはいえ、微妙な違いがあることに注意してください。

違う！ ≠ 漢字の読み方は基本的にひとつ

　日本語では音読み、訓読みなど、ひとつの漢字にいくつもの読み方があります。それに対し韓国語では、ひとつの漢字における読み方は基本的にひとつしかありません。例外的に2つ、3つと複数の読み方を持つものもありますが、ひとつの読み方を覚え、漢字を組み合わせていくことで、さまざまな漢字熟語が作れます。

한국어 회화 = 韓国語 会話

국회 = 国会

同じ！🟰 日本語と語順が一緒

韓国語と日本語は語順がほとんど同じになります。単語をひとつひとつ対応させていくだけで、容易に文章を組み立てることが可能です。

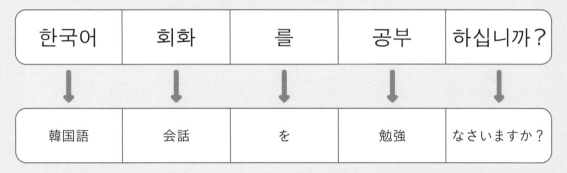

한국어	회화	를	공부	하십니까?
↓	↓	↓	↓	↓
韓国語	会話	を	勉強	なさいますか？

同じ！🟰 助詞の使い方が似ている

韓国語で使われる助詞は日本語と仕組みがよく似ています。多少の例外はあるものの、日本語との対応で助詞を使い、単語と単語をつなぐことで、多くの文章を組み立てることができます。

ハングゴ　　フェファルル　　コンブハシムニッカ

한국어 회화를 공부하십니까?

（韓国語会話を勉強なさいますか？）

コンブルル　　ハムニダ

공부를 합니다.

（勉強をします。）

ハングゴルル　　ッスムニダ

한국어를 씁니다.

（韓国語を使います。）

チョヌン　　テハクキョエソ　　ハングゴルル　　コンブヘッスムニダ

저는 대학교에서 한국어를 공부했습니다.

（私は大学で韓国語を勉強しました。）

는 ➡ は	에서 ➡ で	를 ➡ を

よく使う助詞の一覧

는／은	〜は	저는（私は）
가／이	〜が	아버지가（父が）
를／을	〜を	어머니를（母を）
에	〜に	회사에（会社に）
에게	〜に	학생에게（学生に）
에서	〜で、〜から	공원에서（公園で）、집에서（家から）
와／과	〜と	친구와（友人と）
하고	〜と	형하고（兄と）
도	〜も	오늘도（今日も）
로／으로	〜で、〜へ	편지로（手紙で）、부산으로（プサンへ）
부터	〜から	아침부터（朝から）
까지	〜まで	새벽까지（明け方まで）

　2種類あるものは、前にくる単語の最後の文字が、母音で終わる（パッチムがない）か、子音で終わる（パッチムがある）かで使い分けます。母音で終わる場合は前者を使い、子音で終わる場合は後者を使います。

　「와／과」と「하고」はどちらも「〜と」ですが、意味に大きな違いはなく、「와／과」のほうは文章で、「하고」のほうは会話で多く使用される傾向にあります。

　「에」と「에게」はどちらも「〜に」ですが、「에」は人や動物以外のものに対して、「에게」は人や動物に対して使われます。

「에서」と「부터」も違いがあります。「에서」は場所を表す場合と、場所の起点を表す場合があります。同じく「부터」も起点を表しますが、こちらは時間、順序の起点を表す傾向にあります。反対語となる「까지」は場所の到達点、時間、順序の到達点のどちらにも使われます。

「에서」と「로／으로」はどちらも「〜で」という意味になりますが、「에서」が場所や、場所の起点を表すのに対し、「로／으로」は手段を表すのに使われます。

「에」と「로／으로」も意味的に似通った部分があります。「에（〜に）」は到達点を表し、「로／으로（〜へ）」は方向を表しますが、「学校に行く」と「学校へ行く」くらいの差で、意味的に大きな違いはありません。ニュアンスが微妙に異なり、「에」が目的とする到達点を目指す言葉であるのに対し、「로／으로」はそちらのほうへ、という方向を示す場合が多いです。

同じ！ ＝ 敬語を使う

韓国語でも敬語を使います。目上の人に使う言葉と、目下の人や、友人同士で使う言葉は明確に区別されます。

공부하십니까?	勉強なさいますか？
공부합니까?	勉強しますか？　※1
공부해요?	勉強しますか？　※2
공부해?	勉強するの？

※1と※2は日本語では同じですが、※1のほうがややかしこまった敬語表現として使われ、※2のほうはやわらかい敬語表現として使われます。

韓国語の発音変化

ハングルは子音と母音の組み合わせでできています。読み方は基本的にひとつですが、単語となって文字同士が組み合わさったときに、音同士がスムーズにつながるよう、発音に変化が起こることがあります。ここでは代表的な発音変化を紹介してみます。

❗ 濁音化

韓国語には濁音、半濁音という区別がありません。ただし、会話において特定の基本子音を濁らせて発音する場合はあります。基本子音のうち「ㄱ、ㄷ、ㅂ、ㅈ」の4つが語中、語尾にきた場合にこの発音変化が起こり、それぞれ「g、d、b、j」の音で発音されます。

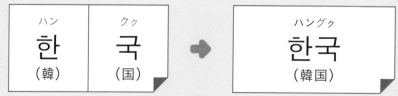

子音「ㄱ」が濁音化し、「g」の音に変化する。

❗ 連音化

パッチムの直後に子音「ㅇ」（音のない子音）がくる場合、パッチムと次の母音が結合して発音されます。

「국」のパッチム「ㄱ」が母音「ㅓ」と結びつき「한구거」と読む。

❗ 濃音化

パッチムの発音が「k、t、p」の3種になる文字（121ページ参照）の次に、子音「ㄱ、ㄷ、ㅂ、ㅅ、ㅈ」が続くと、それぞれ「ㄲ、ㄸ、ㅃ、ㅆ、ㅉ」の音に変化します。

パッチム「ㄱ」の次が子音「ㄷ」なので濃音化し「식땅」と読む（「당」が濁音化しない）。

❗ 激音化

　パッチム「ㅎ、ㄶ、ㅀ」の次に子音「ㄱ、ㄷ、ㅈ」が続くと、それぞれ「ㅋ、ㅌ、ㅊ」の音に変化します。また、逆にパッチム「ㄱ、ㄷ、ㅂ、ㅈ」の次に子音「ㅎ」が続く場合も、それぞれ「ㅋ、ㅌ、ㅍ、ㅊ」の音に変化します（ただし「ㅈ」が常に「ㅊ」にはなりません）。

パッチム「ㅂ」の次が子音「ㅎ」なので激音化し「이팍」と読む。

❗「ㅎ」の弱音化と無音化

　パッチム「ㄴ、ㄹ、ㅁ、ㅇ」の次に子音「ㅎ」が続いた場合、「ㅎ」の音はごく弱くなるか、または消えたように感じられます。パッチム「ㅎ、ㄶ、ㅀ」の次に子音「ㅇ」が続くと、こちらは「ㅎ」の音がなくなります。

パッチム「ㄴ」の次が子音「ㅎ」なので弱音化し「저놔」と読む。

パッチム「ㅎ」の次が子音「ㅇ」なので無音化し「조은」と読む。

❗ 鼻音化

　パッチム「k、t、p」の3種になる文字（121ページ参照）の次に、子音「ㄴ、ㅁ」が続く場合、それぞれ「ng、n、m」の音に変化します。

パッチム「ㄱ」の次が子音「ㅁ」なので鼻音化し「뱅마」と読む。

　この鼻音化の発音規則でいちばんよく使うのは語尾の「입니다（〜です）」「습니다（〜ます）」です。それぞれ鼻音化し「イムニダ」、「スムニダ」と発音します。

今後のステップ

//

　この本で学ぶことはこれでおしまいです。でも、みなさんの韓国語学習はきっと
まだまだ続くはず（続けるよね！）。そこで、今後の内容を一部簡単に紹介してみた
いと思います。すると、みなさんがこの本で覚えてきたことが、実は次なるステッ
プへの大きな基礎であり、今後の学習にもつながっていることがよくわかってしま
うのです。

1. 過去形の作り方

　過去形の作り方は第3、4章で学んだ内容がほとんどすべてです。本書で動詞、形
容詞、存在詞の語尾表現として覚えた形は、それらをまとめて「語幹＋아／어요」
と表現しますが、これを「語幹＋았／었요」「語幹＋았／었습니다」と置き換えるこ
とで過去形が作れます。

괜찮아요. （大丈夫です。）	괜찮았어요. （大丈夫でした。）	괜찮았습니다. （大丈夫でした。）
먹어요. （食べます）	먹었어요. （食べました）	먹었습니다 （食べました）
공부해요. （勉強します。）	공부했어요. （勉強しました。）	공부했습니다 （勉強しました。）
추워요. （寒いです。）	추웠어요. （寒かったです。）	추웠습니다. （寒かったです。）

　さらには、文章の接続に使われる「語幹＋아／어서（～して）」や、義務を表す「語
幹＋아／어야 하다（～しなければならない）」といった表現にも応用できます。

2. 敬語表現

　韓国は儒教の教えが生活に根付き、目上の人に対する態度や言葉遣いは特に重視
する傾向にあります。本書でも42、104ページなどで軽く触れましたが、ある程度、
会話に慣れてきたら以下のような敬語表現も使ってみましょう。やわらかい表現で
は「語幹＋(으)세요.」の形、かしこまった表現では「語幹＋(으)십니다.」となり
ます。

가요. (行きます。)	가세요. (お行きになります。)	가십니다. (お行きになります。)
입어요. (着ます。)	입으세요. (お召しになります。)	입으십니다. (お召しになります。)
살아요. (住みます。)	사세요. (お住まいです。)	사십니다. (お住まいです。)

　語幹の最後の文字が子音で終わるときは「으」を補います。ただし、68ページで勉強したのと同じく、パッチム「ㄹ」の場合は「ㄹ」が脱落します。この「ㄹ」が脱落する形もよく出てくるので、文型ごとに注意をしてください。

　また、42ページで紹介した「계시다（いらっしゃる）」のように、単語そのものが変化をする敬語表現もあります。「먹다（食べる）」がそのひとつですが、これは「먹으세요／먹으십니다.」のようにはならず、「들다（食べるの美化語）」「잡수다（召し上がる」といった単語を「드세요／드십니다.」「잡수세요／잡수십니다.」と使います。

먹어요. (食べます。)	드세요.　　드십니다. (お召し上がりになります。)(お召し上がりになります。)
	잡수세요.　　잡수십니다. (お召し上がりになります。)(お召し上がりになります。)

3. その他のステップ

　上記の補足で、本書の内容が今後に向けて非常に重要なものだったことがわかるかと思います。これらを学習の根幹としつつ、使える単語を増やし、さまざまな文型や、文章をつなげる接続詞、単語をつなげる連体形や副詞形などをマスターしていくと表現がどんどん豊かになります。ゆっくりじっくり、そして何より楽しみながら、今後の学習を進めていただければと思います。

　最後にひとつ、今後への意気込みを聞かせてください。

　　　　ハングゴ　　　　　フェファルル　　　　　　　コンブハシムニッカ

한국어 회화를 공부하십니까?

(韓国語会話を勉強なさいますか？)

おまけ　韓国語の基礎超速レビュー

note

目からウロコのハングルシリーズで
韓国語の超基礎をマスターしよう!

＼ ハングルをゼロから学びたい人に ／

文字の読み方にしぼって学ぶ、感動と驚きの3日間完成「文字ドリル」!!

3日で終わる文字ドリル
目からウロコのハングル練習帳［改訂版］

A5判、2色刷、おまけ部分の音声無料DLつき、定価1650円（税込）

発見の1日目	ハングルの世界へ魅惑のご招待！──ハングルの仕組み、子音、母音
衝撃の2日目	知れば知るほど面白くなる！──濁音化、激音、濃音
熟達の3日目	これであなたもハングルマスター！──複合母音、パッチム
発展のおまけ	次なる世界へ飛び出そう！

＼ 文法の超基礎をマスターしたい人に ／

文字、基礎的な文法、よく使う発音変化をトレーニングする書きこみドリル

1週間で「読める！」「書ける！」「話せる！」
ハングルドリル［改訂版］

B5判、3色刷、音声DLつき、定価1430円（税込）

第1章	ハングルはこうしてできている！ ～母音、子音	第4章	韓国語ってこんなにカンタンなんだ！① ～漢字語、基本の語順
第2章	これでハングル完全マスター！ ～激音、濃音、複合母音	第5章	韓国語ってこんなにカンタンなんだ！② ～助詞
第3章	ハングルを使えるようになろう！ ～パッチム、ダブルパッチム	第6章	韓国語の超基礎はこれでおしまい！ ～自己紹介、縮約形

＼ 韓国語ペラペラをめざす人に ／

会話の基本になる文法、お役立ち表現を書いて、読んで、話してトレーニング！

韓国語会話超入門！
ハングルペラペラドリル［改訂版］

B5判、3色刷、音声DLつき、定価1430円（税込）

第1章	記念すべきペラペラへの第1歩 ～韓国語会話スタート～	第4章	イレギュラーをモノにしよう！ ～不規則に変化する単語～
第2章	ある・ない・いる・いないを学ぼう！ ～存在詞とは～	第5章	会話でどんどん質問しちゃおう！ ～疑問詞を覚える～
第3章	イラストを目に焼き付けて覚えよう！ ～動詞・形容詞の肯定・疑問・否定文～	おまけ	韓国語の基礎超速レビュー

(目からウロコのハングルシリーズ)

韓国語会話超入門！
ハングルペラペラドリル

//.

著者

八田靖史（はったやすし）

コリアン・フード・コラムニスト。慶尚北道、および慶尚北道栄州（ヨンジュ）市広報大使。ハングル能力検定協会理事。2001年より雑誌、新聞、WEBで執筆活動を開始。韓国料理の魅力を伝えるとともに、初心者向けの韓国語テキストを多く出版する。本書『目からウロコのハングル練習帳　改訂版』（学研）をはじめとするシリーズは、累計で25万部を突破。近著に『韓国行ったらこれ食べよう！』『韓国かあさんの味とレシピ』（誠文堂新光社）、『あの名シーンを食べる！ 韓国ドラマ食堂』（イースト・プレス）、『韓食留学1999 コリアン・フード・コラムニストのできるまで』（クリエイティブパル）など。韓国料理が生活の一部になった人のためのウェブサイト「韓食生活」（https://www.kansyoku-life.com/）、YouTube「八田靖史の韓食動画」を運営。

編集スタッフ

編集協力	渡辺泰葉、株式会社 HANA、申智媛、富岡恵
音声録音	ELEC録音スタジオ
ナレーション	李美賢、李忠均、水月優希
ブックデザイン	山﨑綾子（株式会社dig）
イラストレーション	朝野ペコ
DTP制作	株式会社 四国写研

〈旧版の編集スタッフ〉
校閲協力 谷澤恵介、木下順子、欧米アジア語学センター
編集協力 大野雅代：株式会社つくだ企画